No te amedrentes

No te amedrentes

Dr. Jorge Falero

No te amedrentes

Dr. Jorge Falero

Para conferencias y asesoría, contacte al autor:
HIS Ministry
P.O. Box 68
New Hartford, NY 13413
Teléfono: 315-525-2412
E-mail: falero8@aol.com

ISBN: 978-0-9830939-4-7

Publicado en Nueva York, Estados Unidos de América.

Dedicatoria

Este libro lo quiero dedicar, primero que nada, a mi Señor y Salvador, Jesús. Sin Él no habría conocido la verdadera libertad en la que he podido caminar.

También lo quiero dedicar a todos los hombres y mujeres de Dios que me han guiado y amado durante tantos años.

No puedo dejar de reconocer a mi familia, que me ha respaldado en todo momento.

Y, por último aunque no menos importante, debo dedicarlo a Jamira, la joven que fue el instrumento que Dios utilizó para traerme a la salvación.

Contenido

Dedicatoria

Prefacio 9

Introducción 11

1. *La mente también es de Dios* 21

2. *Él te guarda un "ladito"* 35

3. *Él promete y cumple* 47

4. *Lo poco, en las manos de un gran Dios, es suficiente* 59

5. Continúan las piedras: unas, piedritas;
otros, peñones 75

6. *Préstame tu vasija* 91

7. *No detengas la "bendición"* 99

8. A zambullirse 113

9. *Sin fianza no hay libertad* 127

10. *Algunos "cierran la puerta, botan la llave y se quedan dentro"* 141

11. *No interrumpas el fluir* 149

12. *Paga lo que debes* 163

Epílogo 173

Invitación especial 179

Prefacio

N*o te amedrentes* es una obra de arte que está causando un gran impacto en la Iglesia, el Cuerpo de Cristo.

Conozco al Dr. Jorge Falero hace más de 20 años y estoy consciente de los muchos obstáculos, pruebas y tribulaciones que ha tenido que sobrellevar a lo largo de su vida. Soy testigo del poder de Dios en su vida, por lo que puedo decir con certeza que el Dr. Falero ha llegado a una etapa de su existencia en la que se ha convertido en un ejemplo que da aliento a todos los que sufren.

Jorge Falero, como pediatra y siquiatra de adolescentes y, sobre todo, como hombre ungido por Dios, tiene una distinción privilegiada para combinar ciencia y principios bíblicos a fin de ministrar en una mejor manera.

En lo que respecta a mi batalla personal, sufrí mucho con cáncer; muchas veces fui tentado a permitir que la enfermedad me aterrorizara. Sin embargo, la fe que tengo, una "Fe loca" (*Crazy Faith*) —como se titula el libro que escribí—, aunque parezca sin sentido, es una fe que agrada a Dios. El hecho de que yo pueda creer que Dios es fiel y que es capaz de hacer lo imposible, es lo que pone en acción el poder omnímodo de Dios.

Amigos, quiero que sepan que temer, o tener miedo, constituye en sí falta de fe. El temor produce parálisis espiritual y es por esa razón que muchos se encuentran hoy día sin poder ni autoridad. No hallan cómo deshacerse de las cosas o circunstancias que los mantienen en esclavitud.

En el capítulo tres, titulado "Él promete y cumple", identifico que el deseo de Dios es hacer pacto con los que confían en Él. Dios es fiel y cumple todas sus promesas de acuerdo a Sus riquezas en gloria.

No permitas ni un segundo más que el enemigo de las almas continúe engañándote y haciéndote pensar que estás derrotado. El apóstol lo dice claro: "Mayor es el que está en mí que el que está en el mundo" (1 Juan 4:4).

Por tanto, permite que Dios —por medio de Su Espíritu Santo— te traiga revelación y sanidad a través de este libro.

Rev. Dr. Dan Correa
Pastor y autor

Introducción

La embarcación de tu vida va a encontrarse con vientos huracanados y aguas turbulentas. Recuerda que llevas un pasajero importante llamado Jesús. ¡Acude a Él!

Los seres humanos, en verdad, fuimos creados a imagen y semejanza de nuestro Dios. Este gran arquitecto planificó y diseñó la creación en su totalidad y sin errores. Nunca ha existido, ni existirá otro como Él. Han tratado de imitar su obra, como en el caso de los "bebé probeta", pero los científicos se han quedado más que atrás al compararse con el Autor de lo visible y lo invisible.

Dios preparó todo para que existiera en perfecta armonía.

Si nos montásemos en las alas de la imaginación, veríamos a nuestro Dios meditando sobre lo que iba a crear. Él es un Dios de orden, el mejor "diseñador de interiores y exteriores" que haya existido. Amado lector, no creas ni por un momento que Jehová hizo la creación al azar. Él estableció todo en el orden que deseaba para que todo cumpliese su perfecta voluntad y propósito.

Moisés comienza sus escritos describiendo el desorden que había en la tierra, la cual se encontraba vacía y en tinieblas. De inmediato vemos cómo Dios da inicio a la organización de lo "desordenado". Moisés continúa describiendo cómo creó Dios los peces, las aves, los demás animales y finalmente al hombre.

Qué hermoso debe de haber sido vivir en esa época. No existían las enfermedades, los problemas económicos, la criminalidad, la política, ni las contiendas. Todo era perfecto, porque así lo había diseñado nuestro Dios, ¡gloria a Él!

Todavía tienen la osadía, dos o tres, de negar la existencia de Dios y su participación ÚNICA en la creación. E insisten en que vinimos del mono. Yo creo que de los monos vinieron ellos. En lo que a mí respecta, fui hecho con amor por las manos de mi Padre celestial.

Quisiera considerar la porción bíblica que se encuentra en Génesis 1:26:

"Entonces dijo Dios: hagamos al hombre a nuestra imagen, conforme a nuestra semejanza; y **señoree** *en los peces del mar, en las aves de los cielos, en las bestias, en toda la tierra, y en todo animal que se arrastra sobre la tierra".*

Según lee este versículo, Dios nos encargó de todo lo que creó en el globo terráqueo. Imagínate hermano, estar parado al lado del Creador y que Él te diga: "Te encargo todo lo que ves: leones, perros, jirafas, monos y hasta las serpientes. Quiero que los controles y que señorees sobre ellos". ¡Qué honor tan grande! Él pudo haber escogido al delfín, al elefante o al mono, pero decidió escoger al hombre para que tuviese el control y no se dejara ***amedrentar*** por ninguno de ellos.

Cuando uno lee Génesis 1:26 y mira su contexto, se pregunta: ¿qué sucedió? Aparentemente el hombre dio una vuelta equivocada y se alejó del plan inicial del Señor. El hombre permitió que la serpiente (usada por Satanás), lo engañara. Es posible que el hombre se sintiera poderoso, indestructible, con el control en las manos, pero le hicieron resbalar.

El enemigo no podía tocar al hombre, a quien Dios había hecho con sus propias manos, pero tenía necesidad de hacerle caer. El diablo diría: "Lo puedo hacer caer usando mis dardos de orgullo y vanidad que me fueron tan efectivos con la tercera parte de los ángeles que habitaban en la presencia de Dios".

La Biblia no indica lo que estaba en la mente de Adán cuando Eva lo convidó a comer del fruto prohibido. Él pudo haber pensado: "Yo controlo los peces, las aves y las bestias, no es posible que un arbolito me controle a mí". Adán pudo haber usado cualquier excusa para hacer su voluntad, pero lo que está claro es que aquel animal, sobre el cual el hombre tenía que señorear, fue astuto y le hizo caer.

Con ese acontecimiento las cosas cambiaron; y lo que antes estaba bajo el control de Adán, ahora lo controlaba. Las plantas no nacían con la misma facilidad, el producto que cultivaba no era de la misma calidad y las enfermedades comenzaron a abatirlo. Empezaron el dolor, la tristeza, la soledad, la duda y muchos otros conflictos físicos y mentales.

Ya Adán no podía pasarle la mano por la cabeza al león sin que este se la comiera de almuerzo. Con esa caída, el hombre comenzó a ser ***AMEDRENTADO.***

Luego de haber examinado la razón por la cual el hombre, en vez de constituirse en señor sobre todo lo que fue creado en la tierra, es amedrentado tantas veces, quiero que viajemos al Medio Oriente, unos 4,000 años después de la caída. En el Evangelio según San Marcos 4:40, Jesús les dice a sus discípulos: "¿Por qué estáis así amedrentados?"

Para que algo te amedrente tienes que declarar, EN TU MENTE, que ese "algo" es más poderoso que tú.

El Señor había estado predicando a la orilla del mar de Galilea todo el día. Declara la Escritura que, al llegar la noche, el Señor les dijo a sus discípulos: "Pasemos al otro lado". Mientras viajaban en la barca se desató una tormenta. Registra el evangelista Marcos que la tempestad era de tal magnitud que la barca se anegaba (hundía). Los discípulos despertaron al Señor, que dormía en la popa del barco, diciéndole: "Maestro, ¿no tienes cuidado que perecemos? El Maestro los miró y les preguntó: ¿Por qué estáis así amedrentados?"

Querido lector, permíteme hacer un paréntesis en este relato para mirar algunos aspectos de nuestra vida.

En el transcurso de nuestra existencia, especialmente después de acudir al Señor y ser salvos, nos azotan muchas tormentas. Estas tienden a amedrentarnos a muchos. La palabra "amedrentado" significa tener un miedo excesivo porque piensas que alguna situación o persona puede causarte daño. Mi amado hermano, quiero que entiendas algo sumamente importante, para que algo te amedrente tienes que declarar, EN TU MENTE, que ese "algo" es más poderoso que tú.

Es posible que en un "cuartito" de tus memorias se encuentre el "gigante" que estaba en tu escuela y que siempre abusaba de los demás. Seguro que no querías estar en el mismo salón con él, porque si por error decías o hacías algo que lo ofendiera, pobre de ti.

El gigante nos amedrentaba a tal extremo que, si sabíamos que el lunes íbamos a tener problemas con él, nos enfermábamos y hasta fiebre nos daba, con tal de no ir a la escuela. Estábamos amedrentados porque en nuestra mente, lo veíamos como indestructible.

Hoy en día pasa lo mismo. Vemos cómo los jovencitos en las calles de cualquier metrópoli, no se dejan amedrentar por nadie, a veces ni por la policía. La razón por la cual no se dejan amedrentar es porque pertenecen a una pandilla o ganga poderosa y saben quién les respalda.

Si tú o yo tratamos de detenerlos, lo único que ellos tienen que hacer es llamar a su "respaldo" y vamos a aparecer en la primera página del periódico. No se amedrentan porque "saben quién está con ellos".

Volvamos, ahora, a Jesús en la barca cruzando el mar de Galilea. Los vientos estaban soplando, las olas azotaban la barca y los discípulos estaban "amedrentados". Cuando Jesús les pregunta: "¿Por qué estáis así amedrentados?", es posible que el Señor, con esa pregunta, les estuviera reprochando: "¿No se dan cuenta de quién viaja con ustedes, no recuerdan los milagros que se han hecho, sanidad, liberación y tantos otros?"

Tú y yo nos amedrentamos porque se nos olvida quién está a nuestro lado. Comenzamos a mirar la "tormenta" en vez de fijar nuestra vista en la solución. Nos involucramos tanto en el problema o situación que nos acosa, que se nos

Después de la caída, nuestra mente se llenó en parte con nuestras dudas, debilidades e imperfecciones; por eso, somos amedrentados.

olvida que todas esas situaciones juntas no son más grandes que el que está en la "barca de nuestra vida": JESÚS. El enemigo nos produce amnesia y no recordamos los milagros que Cristo ha hecho en nuestras vidas.

Eso le sucedió al pueblo hebreo. Los judíos estaban al mando de Saúl y los filisteos se habían unido para hacerle la guerra a Israel. Lee la Palabra en el capítulo 17 de 1 Samuel, y verás que del campamento filisteo salió un gran paladín llamado Goliat.

Relata la Biblia, que Goliat medía seis codos y un palmo (alrededor de tres metros). Estaba muy bien protegido con su armadura y la punta de su lanza pesaba siete kilogramos (aproximadamente 15 libras).

Goliat era uno de esos individuos que no quisiéramos encontrarnos en un callejón oscuro a las dos de la madrugada. Era como uno de esos personajes que si lo vemos venir por un lado de la calle, le dejamos el "canto".

Goliat se levantó y retó a todos los del ejército de Israel. Dice la Palabra que Saúl y los soldados de Israel "se turbaron y les dio gran miedo". ¡Cualquiera se turba! Goliat no solo hizo eso, sino que lo repitió por cuarenta días.

Israel estaba necesitando a alguien que le hiciese recordar las grandezas de su Dios. Lo que sucedió con Israel fue que se olvidaron del Faraón de Egipto, del Mar Rojo, del maná, de las murallas de Jericó y de todas las otras maravillas que su Dios había hecho. Se olvidaron del que estaba con ellos y se enfocaron en la grandeza del adversario.

Se dejaron amedrentar, por lo que SUS MENTES lo determinaron como invencible. Recordemos que, con la caída de Adán, aparecieron el pecado, la tentación y la vulnerabilidad de nuestra mente. Antes de la caída, la mente estaba ocupada totalmente por Dios. Después de la caída, nuestra mente se llenó en parte con nuestras dudas, debilidades e imperfecciones; por eso, somos amedrentados.

Volvamos a Israel y veamos a todos los soldados que estaban a punto de tirar la "toalla" y declararse esclavos de los filisteos. En medio de esa tragedia se encontraba un muchacho que ni soldado era. Un joven cuyo padre lo había enviado con panes y quesos para sus hermanos y su jefe. Fíjate querido lector, tres de los que estaban con "ataque de ansiedad", tres de los que estaban amedrentados, eran hermanos de David.

David se encontraba en "aguas extrañas", porque su trabajo era pastorear ovejas, no estar en el campo de batalla. David no tenía experiencia alguna en cuestiones de milicia.

Te imaginas el cuadro que encontró David al llegar al campamento de los israelitas, algunos con malestar de estómago, otros con los "nervios de punta", otros sin uñas y todos AMEDRENTADOS.

Me imagino a David preguntándose: ¿Qué pasa con el ejército de Israel? Los soldados no tardaron mucho en aclararle la situación a David y le dijeron: "¿No habéis visto aquel hombre que ha salido?"

La reacción que se esperaría de un muchacho que no era soldado, que solo pastoreaba unas cuantas ovejas, tal vez sería que saliera corriendo. Sin embargo, David se mantuvo en el campamento. Siempre me ha fascinado la respuesta de este joven: "¿Quién es este filisteo incircunciso, para que provoque a los escuadrones del Dios viviente?" Esas son palabras de alguien que no se deja amedrentar.

Así cuando la situación venga a amedrentarnos, no miremos al problema sino al que tiene la solución, al que ya obtuvo la victoria.

Al leer esta porción bíblica me pregunto, cómo es posible, que de cuatro hijos de Isaí que se encontraban presentes, tres se comportaran de una manera y uno de otra. Tres se amedrentaron y uno no. Los cuatro nacieron en el mismo hogar y crecieron bajo las mismas reglas. Me pregunto, entonces, ¿por qué tal discrepancia?

Puede que haya varias respuestas, pero en mi opinión lo que había traído tal desigualdad fueron las decisiones que tomaron estos cuatro varones israelitas durante sus vidas, decisiones que iban a afectar su reacción en cuanto a la tempestad que se les presentaba.

Aparentemente los hermanos de David decidieron aprender acerca de la guerra, mientras que este decidió conocer más a su Dios. Los hermanos de David decidieron ser conocidos como "hombres de Saúl", David prefirió ser conocido como "hombre de Dios".

David llega a tener una relación tan íntima con el Señor que cuando venía el problema —fuese león, oso o Goliat—, él sabía quién estaba respaldándolo. David entendía que no importaba la situación, no tenía por qué amedrentarse, ya que la victoria estaba segura en el Dios que había conocido.

Tú y yo debemos hacer lo mismo. Debemos conocer mejor a nuestro Dios y su perfecto plan para con nosotros. Así cuando la situación venga a amedrentarnos, no miremos al problema sino al que tiene la solución, al que ya obtuvo la victoria.

Permíteme un poco de tu tiempo y caminemos juntos a través de las páginas de este libro que el Señor me ha concedido escribir. Vamos a aprender diversos principios bíblicos para poder lidiar con las situaciones que nos quieren amedrentar.

Mi oración es que esta obra nos ayude a entender que podemos tener una vida llena de paz aun en medio de las tempestades que nos acosan. Que aprendamos del Señor, que en medio de la tormenta, descansó.

Creando nuevas inquietudes...

- ¿Cuán cómodo te sientes cuando tienes que defender la "Creación" ante la "Evolución"? ¿Será posible que le demos más "poder" a las palabras de una teoría diseñada por hombres que a la Palabra dicha por Dios?

- ¿Qué te impide tomar el control de las áreas que Dios ha puesto bajo tu dominio? ¿Aceptas las nuevas "verdades" —que el diablo pone en tu mente para confundirte— o te das cuenta que cualquier argumento que no sea la verdad de Dios es MENTIRA?

- Cuando te enfrentas a tu "Goliat", ¿son tus acciones las de un "hombre de Saúl" o las de un "hombre de Dios"?

Un toque final...

Recuerda: Solo te puedes amedrentar si visualizas, en tu mente, la situación o el problema como mayor que tú.

Capítulo

1

La mente también es de Dios

Si toda acción mana de tu mente, permite que esté cubierta con la sabiduría de Cristo Jesús. Así andarás conforme a Su perfecta voluntad.

En la introducción comentábamos que para estar amedrentados tenemos que ver, en nuestra mente, el problema, obstáculo o situación como más grande y poderoso que nosotros. Para entender las distintas formas en que respondemos a diversas situaciones es imperante que antes entendamos en parte lo que es la "mente".

La mente, según el diccionario Webster, es el elemento o complejo de elementos en un individuo que siente, percibe, piensa, desea y razona. La palabra griega *psuche* significa alma, uno de cuyos componentes es la mente.

Esta área del alma es tan importante que encontramos un sinnúmero de disciplinas que tratan de estudiarla y entender su funcionamiento. Se gastan millones de dólares tratando de comprender por qué una persona actúa de cierta forma.

La mente ha fascinado a los estudiosos por miles de años. Una posible razón de ese interés es el hecho de que toda acción comienza como un pensamiento, es decir, en "la mente". Es esa interesante área a la que los expertos en publici-

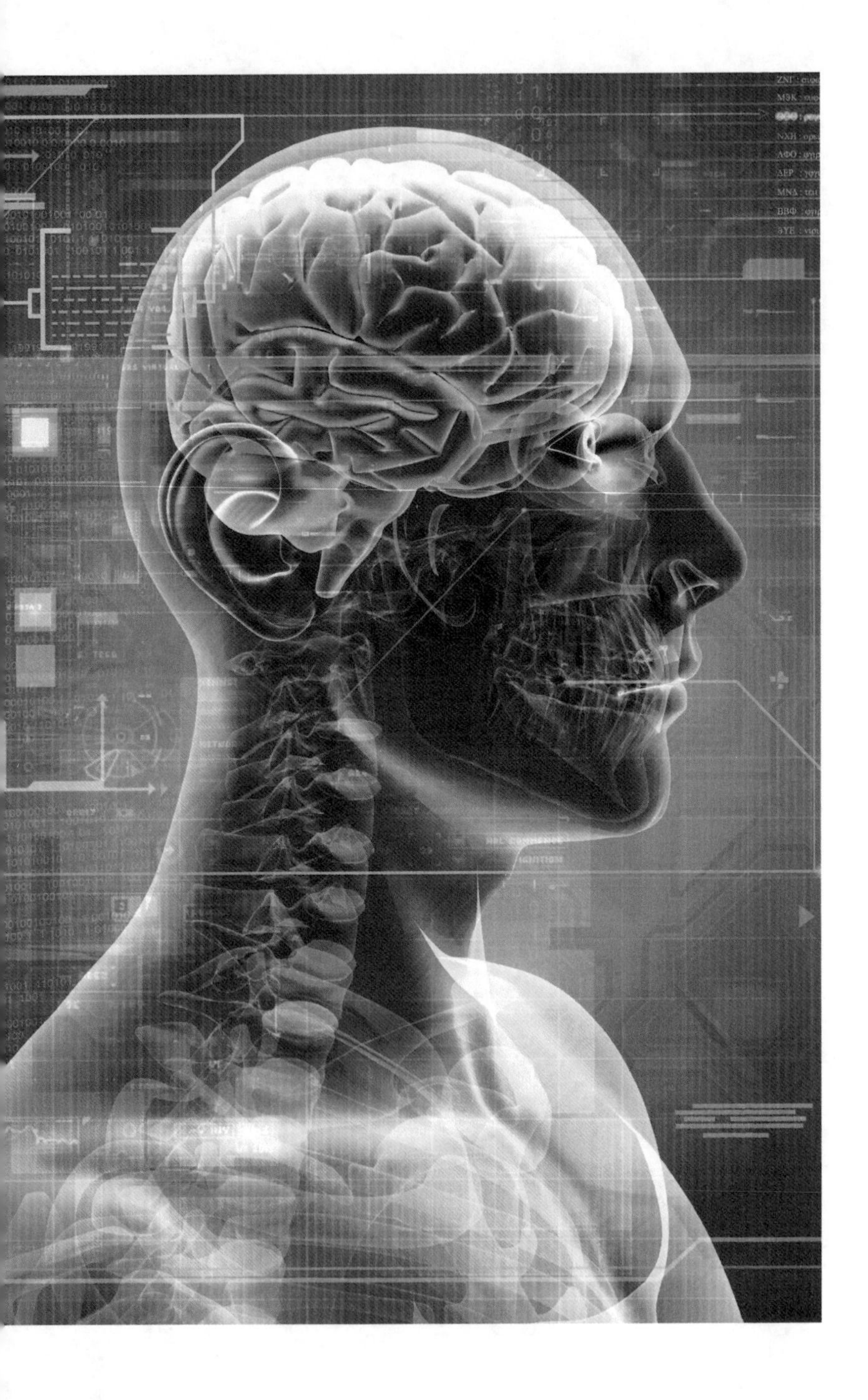

dad enfocan sus "cañones" cada vez que crean un comercial.

Ellos entienden que si más de la mitad de las personas son convencidas o manipuladas por el comercial, entonces el comercial ha tenido éxito.

Hay momentos en que la mente está tan condicionada, que comenzamos a llamar a ciertos objetos por el nombre de alguna marca comercial, porque hemos asociado el objeto con esa marca en particular; eso es producto de una mente "manipulada y adiestrada".

Si el "enemigo" logra que tengas algunas áreas en tu mente que no has sometido a Dios, las puede usar como "puertas" de entrada, aun cuando estés sirviendo al Señor.

Esta misma área es de sumo interés al "enemigo" de nuestra alma porque es uno de los "campos de batalla" que más utiliza. Por eso está escrito en Proverbios 4:23: "sobre toda cosa guardada, guarda tu corazón; porque de él mana la vida".

La palabra corazón en este versículo proviene de la expresión "leb", que según el comentario bíblico de *Brown-Driver-Briggs,* significa entre otras cosas: el hombre interior, el deseo, *la mente.*

Si el "enemigo" logra que tengas algunas áreas en tu mente que no has sometido a Dios, las puede usar como "puertas" de entrada, aun cuando estés sirviendo al Señor. Permíteme ilustrarte lo antes expuesto con una historia, que aunque ficticia, puede ser la tuya, la mía o la de algún ser querido.

Había un hombre llamado Antonio, cuya vida semejaba a una "montaña rusa". Eran más los días que estaba embriagado que los que vivía sobrio.

Antonio había sido un niño inteligente, manso y bondadoso. Todos en el barrio lo querían y siempre decían que iba a ser médico y que iba a ayudar a los pobres. Sus padres le dieron un hogar feliz y lleno de amor.

Un día, la tragedia tocó su vida. Antonio abrió la puerta cuando vino un policía con la horrible noticia de que sus padres tuvieron un accidente automovilístico y que ambos habían fallecido.

Mientras la vecina que estaba cuidando a Antonio trataba de contener su dolor, este continuó preguntándole al policía: "¿Cuándo van a regresar papi y mami?" La vecina, para tratar de consolar al pobre niño, que ahora se encontraba más desesperado, le dijo que papi y mami se habían ido a vivir con Dios.

Antonio se quedó callado, su única respuesta fueron dos lágrimas que descendieron por sus pequeñas mejillas.

Durante los siguientes días, la casa de Antonio estuvo llena de personas que lo miraban con tristeza y que de vez en cuando le pasaban la mano por su cabeza.

Luego que pasara dos semanas con su vecina, llegó una trabajadora social a verlo. Nuevamente se encontraba el frágil niño confrontando otra "tormenta".

Como Antonio no tenía familia, la única alternativa era llevarlo a un orfanatorio. El niño, que ya había perdido dos seres queridos, se aferró a las piernas de su única "amiga" y, entre gritos y llantos, fue sacado del hogar en que estaba residiendo. Al sacarlo de ese hogar, le sacaron también el último recuerdo grato de su breve existencia en este mundo.

Los primeros meses en el orfanatorio fueron sumamente di-

fíciles para Antonio. Su interacción con otros niños y con el personal que lo cuidaba era mínima. Su apetito disminuía y fueron muchas las noches que se quedó dormido luego de llorar largo rato. Su única actividad era dibujar el encuentro de dos figuras adultas con un niño.

Pasado un tiempo el niño dejó de dibujar. Comenzó a compartir con los demás niños, pero su comportamiento empezó a cambiar. Ya no era el niño manso y obediente. Ahora discutía con los otros pequeños, jugaba con fuego (al extremo que inició un incendio en un cuarto del orfanatorio), y desafiaba a las personas que lo atendían.

Fueron varias las veces que Antonio se escapó del orfanatorio durante sus trece largos años de estadía allí. Antonio rehusaba estudiar, solo le gustaba la clase de mecánica automotriz. Tras su salida del orfanatorio, la cual fue otro escape, se mudó a un lugar distante y como era diestro en la mecánica consiguió trabajo en un taller.

La vida de Antonio se caracterizó por la inestabilidad; en su trabajo, en su hogar y con sus amistades. A la edad de treinta años se había casado tres veces y sostenido varios romances extramaritales. En total, tenía siete hijos.

Antonio se dio a las drogas y al alcohol. Fue tanta la adicción a la cocaína que tuvo que hacerles algunos "favores" a personas de no muy buena reputación.

Durante uno de esos favores, Antonio fue preso por 18 meses. En la prisión continuaba buscando sentido y satisfacción para su vida. Fue en la cárcel que su vida tuvo un cambio que no esperaba.

Durante la celebración del día de Navidad, Antonio tuvo una visita inesperada. La joven vecina que lo cuidaba de niño, Marisol, que ahora contaba con cuarenta y siete años de edad, supo de su paradero por un amigo mutuo y fue a ver a su "Antonio".

Antonio no se acordaba de ella pero, cuando uno está en la cárcel cualquier visita es bien recibida, no importa quien sea. La visita se asociaba con regalos, cigarrillos, comida de "afuera", etc. Lo que Antonio no sabía era que Marisol le traía un regalo más preciado, por el cual no había que pagar con dinero.

Marisol utilizó las primeras visitas para suplir al aspecto físico de Antonio. Durante su conversación, Marisol dejaba ver que ella era una persona distinta y de vez en cuando pronunciaba el precioso nombre de Jesús. En ningún momento le preguntó la razón por la cual se encontraba en la prisión. Ella solamente le hablaba —o le transmitía— "vida" a Antonio.

En una de esas visitas, él le dijo que le agradaba hablar con ella, porque se sentía en libertad, aunque entendía que todavía estaba preso. "Me siento libre aunque estoy tras las rejas", le aseguró.

En ese momento, guiada por el Espíritu Santo, Marisol le dijo que la paz que él notaba provenía de Jesús. Antonio no la dejó continuar hablando y alzando su voz le dijo: "Qué Jesús, ni qué Jesús. ¿Dónde estaba Él cuándo mis padres murieron?"

Con los ojos llenos de lágrimas continuó diciendo: "¿Dónde estaba ese Dios cuando me llevaron para ese maldito orfanatorio en el que me trataron como a un perro?"

Los otros presos vieron la discusión y se acercaron a Antonio. También se acercaron algunos guardias penales. A todo eso, Marisol lo miraba, lo escuchaba y lo único que le dijo fue que Dios le revelaría dónde estaba cuando él (Antonio) sufría en medio de tantas "tormentas".

Antonio se enfureció más y, gritando, la echó de la cárcel y le dijo que no regresara. Antonio continuó fuera de control. Eso le costó que le pusiesen en una celda solitaria para que se calmara.

Estando ya en la celda, Antonio continuó llorando, pero esta vez no era de coraje, sino porque se sentía quebrantado y triste al tener que revivir momentos tan dolorosos de su vida.

Al continuar en su agonía miró hacia arriba y, ya no gritando, dijo entre llantos: "Dios, ¿por qué me dejaste, por qué?" Su interrogante fue interrumpida por una dulce voz que le dijo: "Yo nunca me he apartado de tu lado, no me has permitido sanar tus heridas".

Aquella celda fría y oscura se llenó de una luz y una paz tales que Antonio solo pudo decir: "Por primera vez en tantos años me siento amado, aceptado, sin importar si puedo o no hacer algo por ti. En verdad que la paz que había en Marisol tenía que proceder de un lugar maravilloso". Antonio no pudo dormir el resto de la noche pensando en la experiencia tan hermosa y única que había tenido.

Al día siguiente lo sacaron de la celda en que estaba y, tan pronto como pudo, llamó a Marisol. Mientras le contaba lo sucedido, Marisol saltaba de alegría en su hogar y daba gloria a Dios.

Lo primero que Antonio le pidió a Marisol fue que le llevara una Biblia. En los próximos días, las únicas actividades del que en un tiempo fuera "Antonio el perdido" eran orar, leer la Palabra de Dios y dar testimonio a los otros reclusos de su experiencia con Dios.

Antonio aceptó al Señor públicamente y, durante los meses que le quedaban en la cárcel, llevó varios presos al camino de salvación.

Al salir de la prisión, Antonio comenzó a visitar la iglesia donde Marisol perseveraba. Este "nuevo hombre" continuó creciendo en el Señor.

Fue al instituto bíblico por tres años y dedicó su vida a hacer la voluntad de Dios. Todo marchaba bien hasta que un día, Antonio decidió dar un viaje a su "viejo" vecindario. Su pastor le aconsejó que no fuera, pero él optó por ir.

Al pasar el tiempo, y como Antonio no se comunicaba con nadie en la iglesia ni con su amiga Marisol, esta decidió tratar de dar con su paradero. Luego de muchas llamadas, Marisol logró hablar con Antonio. Ella se sorprendió mucho porque cuando llamó al teléfono que le habían dado, supo que se trataba de un centro de rehabilitación para drogadictos.

Antonio, aquel hombre que tuvo tan bella experiencia con el Señor, que estudió en el instituto bíblico, que se pasaba el tiempo orando y hablando a grupos de jóvenes sobre lo vacío y malo que era la vida de pecado, volvió a su "Egipto"; como dijo Esteban en el libro de los Hechos hablando de los israelitas: "en su corazón volvieron a Egipto".

La historia de Antonio puede ser la tuya, la mía, la de tantas personas, la de cualquiera que luego de escapar de las ataduras y la esclavitud de este mundo, tras conocer al Salvador y tener una relación intima con Él, vuelve a su "Egipto".

Aunque sabemos que la vida en Egipto es vacía, estéril, llena de conflictos y desilusiones, optamos por regresar a ella. Mi pregunta, aunque ingenua, es: ¿POR QUÉ? ¿Qué queda dentro de nosotros que nos conduce a —como decimos en mi tierra— "cambiar chinas por botellas"? En otras palabras, estamos dejando lo mejor por lo peor.

En mi opinión, Antonio amaba verdaderamente al Señor y estaba gozando su salvación, pero aparentemente había áreas en su mente que no había sometido a Dios. Al parecer, cambió el versículo que lee: "Llevando cautivo todo pensamiento a la obediencia a Cristo" (2 Corintios 10:5), por "llevando cautivos algunos pensamientos".

El problema surge cuando no entendemos que hay varias áreas en nuestra mente en las que se "almacenan" ciertos pensamientos. Por eso el salmista escribió en el capítulo 19 del libro de los Salmos, en el versículo 12: "¿Quién podrá entender sus propios errores? Líbrame de los que me son ocultos".

El rey David entendía que en su mente había áreas de las que no estaba consciente y que, en ellas, yacían errores que le eran ocultos. Él quería que Dios tomara control de todas las áreas de su mente.

Esas pequeñas "zorras", como podríamos llamar a esas áreas, son las que muchas veces nos llevan a hacer lo que no deseamos. De manera que poco a poco nos vamos alejando de nuestro "primer amor": ***JESÚS***.

Es posible que Antonio guardara, en su inconsciente, conflictos de los traumas de su niñez; los cuales se "despertaron" cuando fue a ese lugar que su mente relacionaba con dichos traumas: "el viejo vecindario".

Puede que eso te haya sucedido, que te despiertas de muy buen humor y que luego de que visitas algún lugar, escuchas algún ruido, hueles algún aroma, etc., tu humor se torne, como decimos en Puerto Rico, en "humor de perro".

Lo que sucede es que una emoción del pasado, que estaba en el inconsciente, se ha "despertado". En muchos casos esos episodios se circunscriben únicamente a experimentar la emoción. El problema surge cuando esa emoción produce un pensamiento y una acción contrarios a Dios.

Parece que el salmista David lo entendía y por eso es que en el salmo 139:23 le dice a Dios: "Examíname, oh Dios, y

Si tú y yo queremos tener una vida plena en el Señor, tenemos que permitirle que escudriñe hasta lo más profundo de nuestra mente y que tome control absoluto de "ella".

conoce mi corazón; pruébame y conoce mis pensamientos".

Cuando uno lee este versículo luego de haber leído el primero, donde el salmista declara que ya Dios lo había examinado y conocido, pareciera que el siervo David estaba teniendo problemas con su memoria.

Lo que sucedió fue que David no quería que Dios lo conociera solo "superficialmente", sino que escudriñara hasta lo más profundo de su mente. Él entendía que Dios tenía que tener dominio absoluto de su mente y deseaba que Dios le librase de sus "errores ocultos".

Si tú y yo queremos tener una vida plena en el Señor, tenemos que permitirle que escudriñe hasta lo más profundo de nuestra mente y que tome control absoluto de "ella".

La batalla que en ocasiones confrontamos es que la "carne" no quiere permitirle a Dios que entre en esas áreas ocultas. La razón puede ser porque los seres humanos siempre queremos tener cierto grado de control sobre nuestras circunstancias o porque las experiencias que van a salir a la superficie van a ser muy dolorosas y no queremos lidiar con ellas.

Es como cuando tenemos un absceso en un muslo, cuya apertura en la piel es muy pequeña. Preferimos aplicarnos un ungüento superficial y ponernos una "curita", antes que ir a la sala de emergencia de un hospital, puesto que ya algún familiar o vecino se encargó de narrarnos el horrible episodio que sufrió cuando le sucedió algo parecido.

Tu primo, por ejemplo, te menciona que el médico tiene que abrirte la piel con un bisturí y que —en muchas ocasiones—, el dolor es insoportable porque el área no tolera la anestesia. En vez de callarse o decirte algo positivo, te transporta en las alas de la imaginación tan vívidamente a la sala de emergencia, que comienzas a sentir el "futuro dolor".

Ya te ves desangrándote, con la pierna amputada y con complicaciones severas. Es necesario que el médico abra la piel y elimine todo el tejido muerto para que entonces pueda fluir la sangre y crezca tejido nuevo, células vivas.

También es de suma importancia que el doctor destruya la cápsula del absceso, para que no exista un área donde se vuelva a acumular sustancia purulenta y sigamos con el mismo "mal".

Tenemos que permitirle a Dios que como el "Cirujano" por excelencia que es, quite todo lo que en nuestra mente pueda afectar a nuestro crecimiento espiritual y nuestra convivencia con Él.

Eso mismo sucede con nuestra mente. Tenemos que permitirle a Dios que como el "Cirujano" por excelencia que es, quite todo lo que en nuestra mente pueda afectar a nuestro crecimiento espiritual y nuestra convivencia con Él.

No solo queremos que quite los síntomas indeseables, sino que saque toda raíz de nuestra mente, para así poder ser renovados a diario y vivir a plenitud con nuestro Dios, sin tener que estar "regresando a nuestro Egipto".

No podemos darle lugar al diablo. Él sabe que si no sometemos toda nuestra mente a Dios, va a tener terreno "fértil" para sembrar pensamientos contrarios a Dios; pensamientos que nos van a llevar a una vida pecaminosa y cuyo resultado va a ser la "muerte", ya que —escrito está— la paga del pecado es la muerte.

Es tiempo de que cuando el enemigo de las almas venga a tratar de alquilar una "habitación" en el "hotel" de tu mente, se encuentre con un letrero que anuncie con letras bien grandes: "NO HAY VACANTE", porque ya Dios compró todas las habitaciones del hotel llamado "MI MENTE".

Recuerda amado, *la mente también es de Dios.*

Creando nuevas inquietudes...

- ¿Cuántas veces ha sido tu mente controlada o manipulada por comerciales o la opinión de otras personas? ¿Cómo te has librado de ese control?
- ¿Qué áreas existen en tu mente que no has sometido a Dios? ¿Qué te ha detenido? ¿Cuál consecuencia negativa has tenido que enfrentar por no someter toda tu mente a Dios?
- ¿Qué dardos ha utilizado el "enemigo" contra tu mente? ¿Qué dice la Palabra de Dios sobre lo que tenemos que hacer contra tales dardos?
- ¿Cuántas veces has culpado a Dios por las consecuencias "naturales" de tu comportamiento o circunstancias?

un toque final...

Recuerda: Jesús le dijo: Amarás al Señor tu Dios con todo tu corazón, y con toda tu alma, y con toda tu **mente** (Mateo 22:37).

Capítulo

2

Él te guarda un "ladito"

Sabiduría no es tener todas las respuestas en tu mente. Es saber dónde ir cuando la circunstancia lo requiere.

Es posible que al leer el título de este capítulo tu mente te haya llevado en un viaje a través de la vía de los recuerdos, a momentos cuando te encontrabas en la escuela intermedia y le decías a algún compañero: "Si llegas primero al juego de baloncesto, guárdame un ladito".

Cuando llegabas al juego, tu compañero estaba presto para informarte sobre la increíble odisea que había tenido que pasar: "No tienes ni idea de las personas a las que tuve que decirles que ese lado estaba reservado para ti; me debes una".

Qué lindo es recordar, pero la razón de este título es porque en los capítulos que continúan vamos a aprender los principios de la Palabra de Dios a seguir cuando el enemigo de las almas quiere venir a amedrentarnos. Y el primer principio es saber que "Dios nos guarda un ladito".

En el capítulo anterior quedó establecido que la mente tiene que ser sometida a Dios, pero ese sometimiento tiene que ser en todo momento, no solo cuando el diablo viene

Y el primer principio es saber que "Dios nos guarda un ladito".

a atacarte. Para exponer el primero de estos valiosos principios permíteme llevarte a 2 Reyes, capítulo cuatro y versículos del 1 al 7.

"Una mujer, de las mujeres de los hijos de los profetas, clamó a Eliseo, diciendo: Tu siervo mi marido ha muerto; y tú sabes que tu siervo era temeroso de Jehová; y ha venido el acreedor para tomarse dos hijos míos por siervos. Y Eliseo le dijo: ¿Qué te haré yo? Declárame qué tienes en casa. Y ella dijo: Tu sierva ninguna cosa tiene en casa, sino una vasija de aceite. Él le dijo: Ve y pide para ti vasijas prestadas de todos tus vecinos, vasijas vacías, no pocas. Entra luego, y enciérrate tú y tus hijos; y echa en todas las vasijas, y cuando una esté llena, ponla aparte. Y se fue la mujer, y cerró la puerta encerrándose ella y sus hijos; y ellos le traían las vasijas, y ella echaba del aceite. Cuando las vasijas estuvieron llenas, dijo a un hijo suyo: Tráeme aún otras vasijas. Y él dijo: No hay más vasijas. Entonces cesó el aceite. Vino ella luego, y lo contó al varón de Dios, el cual dijo: Ve y vende el aceite, y paga a tus acreedores; y tú y tus hijos vivid de lo que quede".

Observa querido lector, esa pobre mujer tenía razón de más para estar amedrentada y es posible que si llego a ser yo, con el conocimiento que tengo de Jesús, me hubiese ido a llorar a una esquina de la casa y a esperar el funesto desenlace.

Esa mujer había perdido a un ser muy querido, su esposo, y aparentemente él debía dinero. Pero para añadir "sal a la herida", la señora iba a tener que pagar la deuda de su marido a un precio muy alto: entregar a sus hijos para que se los llevasen en calidad de esclavos.

Yo sé que piensas igual que yo cuando de nuestros hijos se trata: "Mejor sufro yo, que permitir que uno de mis hijos sufra". Para colmo de males, a la pobre le había tocado vivir en una época difícil para la "mujer".

En aquel tiempo "la mujer" no tenía los tan merecidos derechos de los cuales hoy goza. Si enviudaba, descendía un "peldaño" en la escalera socioeconómica. Pero su caso se tornaba peor, ya que si no tenía hijos varones que labrasen la tierra, "se caía por completo de la escalera socioeconómica" y entonces tenía que depender de la misericordia de otros.

Todos sabemos que al principio, y por la pena, hay quienes le dan a uno alguna ayuda, pero al pasar el tiempo comienzan las excusas y se queda uno solo.

Te fijas, amado, cómo ataca el enemigo. En mi tierra hay un decir así: "Cuando llueve, llueve". Hay momentos en que todos los males llegan a la misma vez; te despiden del trabajo, pierdes tu apartamento, tu hijo comienza a usar drogas, tu hija te dice que está embarazada, aunque lo que tiene son trece años; el diablo es un experto en el remate y no quiere que nos recuperemos de sus golpes.

Eso le sucedió a la viuda de la historia mencionada pero, "*ELLA SUPO A DÓNDE IR*". Mi querido lector, ese es el primer principio que nos enseña esta historia. Cuando las circunstancias traten de amedrentarte, tienes que SABER A DÓNDE IR.

La viuda fue al portavoz de Dios, al profeta de Dios, a buscar consejo de Dios. Y tú y yo tenemos que hacer lo mismo. No podemos salir corriendo hacia otra persona. Tampoco podemos salir corriendo hacia "nosotros mismos", o sea a depender del "yo".

El "hombre natural" siempre quiere correr a los luga-

Cuando las circunstancias traten de amedrentarte, tienes que SABER A DÓNDE IR.

res o personas que "su mente" le dicta y le dice que tienen la solución. El "hombre natural" siempre va a lo tangible, a lo visible, a lo que puede alcanzar con sus propias fuerzas.

Antes de que llegue la tempestad, verbalizamos que nuestro refugio es Jehová, pero al ver los vientos huracanados salimos corriendo en busca de una "cueva" en donde escondernos. Tenemos que tener bien claro que el único que tiene la respuesta para ti y para mí se llama JESÚS.

Fíjate amado, en aquel tiempo la viuda tuvo que acudir a Eliseo. La Biblia no relata si envió a sus hijos a buscarlo o si lo llamó por la ventana o si Eliseo al saber de la muerte de su esposo fue a la casa, pero lo que sí está claro es que ella tuvo que ir a Eliseo para buscar solución a su inmenso problema.

Qué hermoso es saber que en nuestro caso es distinto. Nosotros no tenemos que ir al profeta, ni al evangelista, ni al misionero, ni siquiera a nuestro pastor, y gloria a Dios por todos estos hermosos hombres y mujeres que Dios nos ha dado para guiarnos y ayudarnos.

Lo cierto es que en el momento en que uno se sienta amedrentado, no tiene que moverse de lugar, ni ponerse en fila para esperar audiencia con Dios, porque el mismo Espíritu de Dios, que moraba en algunos hombres y mujeres del Antiguo Testamento, el mismo Espíritu que estaba en los apóstoles Pedro, Juan y Pablo, se encuentra ahora residiendo en ti y en mí. Tenemos una puerta abierta a la presencia de quien nos puede ayudar.

Nuestro Dios vive a través de su Santo Espíritu en ti y en mí. Solo tenemos que ir a Él. Tenemos que tener en nuestro corazón un deseo insaciable de estar en su presencia, sabiendo que en esa presencia encontraremos seguridad y que el enemigo de las almas no puede amedrentarnos, porque Jesús es nuestro Salvador y Protector. Es por eso que tenemos que tener una comunión íntima con el Señor. No una relación "de lejos".

La Palabra declara en Éxodo 33:9-10: "Cuando Moisés entraba en el tabernáculo, la columna de nube descendía y se ponía a la puerta del tabernáculo, y Jehová hablaba con Moisés. Y viendo todo el pueblo la columna de nube que estaba a la puerta del tabernáculo, se levantaba cada uno a la puerta de su tienda y adoraba".

Por la razón que haya sido, el pueblo de Israel lo adoraba de "lejos", pero tú y yo no tenemos que mirarlo de lejos porque nuestro redentor, Cristo Jesús, con su sangre lavó nuestros pecados y la Biblia declara que en el momento en que expiró, el velo que separaba el Lugar Santo del Lugar Santísimo del templo, se rasgó en dos.

Previo a este suceso solo el sumo sacerdote podía entrar al Lugar Santísimo, pero esa hermosa e inigualable oportunidad era una sola vez al año. Ahora tú y yo podemos acercarnos directamente a nuestro Dios, porque Él nos ve a través de la justicia de su amado Hijo Jesús. Ese privilegio puede ser cuantas veces tú y yo lo deseemos, no hay que esperar un año para volver a "visitarlo".

El problema puede surgir cuando no sabemos en realidad quién es ese Jesús. Uno se acerca a distintas personas esperando una respuesta en particular. La respuesta que esperas depende en gran manera de quién es esa persona “en su mente”.

Cuando tienes problemas de seguridad en tu vecindario, no vas al jefe de obras públicas, vas al jefe de la policía porque él representa la autoridad y quien puede resolver tu problema. Lo mismo sucede con Jesús, tenemos que contestarnos: ¿Quién es Él para nosotros?

En el tiempo en que Jesús vivió se decía que era, posiblemente, Juan el Bautista, Elías, Jeremías u otro de los profetas. Aunque lo comparaban con hombres buenos, que habían sido usados por Dios con autoridad y poder, esos no eran Dios, no eran el Mesías esperado, no eran el “Ungido”.

Solo el “Cristo” podía traer salvación y restauración al “hombre” que Dios había creado, el cual por su pecado, se había alejado de su Creador.

Hoy en día también encontramos versiones de quien fue ese Jesús: “un buen hombre, un rabino hereje, un profeta que hacía milagros”. El problema es que ninguna de las versiones anteriores podrá defenderte a ti ni a mí cuando el enemigo venga como “río” a tratar de amedrentarnos. Solo el Cristo, el Dios Hijo puede ayudarnos y a Él tenemos que ir.

Para poder saber quién es ese Jesús, tenemos que tener un “encuentro” con Él. Uno no puede conocer a fondo a una persona y unir su vida en matrimonio con él o ella utilizando todos los adelantos de la comunicación con los que contamos hoy en día.

No puede hacerse a través del teléfono, ni del fax, ni del famoso Internet, tienes que tener un “encuentro cercano” para realmente saber quién es él o ella.

El doctor Lucas nos relata en el evangelio que escribió, que había un varón llamado Zaqueo, que era jefe de los publicanos y que era rico. Ese hombre, aunque aparentemente lo tenía todo, tenía la necesidad de ver quién era Jesús.

Probablemente había escuchado de Jesús y a lo mejor hasta había visto a alguien que era paralítico y que ahora caminaba, pero eso no era suficiente para Zaqueo, él quería un "encuentro cercano". Él no quería conocerlo a través de experiencias ajenas, quería sus propias vivencias.

Hay tantas personas hoy en día que, por tener como única definición acerca de Jesús que es alguien "bueno", se conforman con saber de su existencia sin entender que a menos que tengan un encuentro real, cercano y continuo, seguirán viviendo una vida a medias, cuando pueden vivir en la plenitud que El ha separado para nosotros. Tú y yo debemos desear ese "encuentro cercano", pero a diario. Es la única forma de conocer a Jesús y entender verdaderamente quién es Él para nosotros.

Zaqueo deseaba ese encuentro de manera tal que corrió y se subió a un árbol sicómoro. Es posible que me digas: "Hermano Falero, pero yo corro todos los días". Eso puede ser cierto, pero en los tiempos de Jesús los hombres ricos y poderosos no corrían y mucho menos se subían a un árbol para ver a alguien. Su estatus les dictaba que otros viniesen a él.

Pero el deseo que existía dentro de Zaqueo de realmente conocer a Jesús era de tal magnitud que no le importaba que le vieran correr o subirse a un árbol porque lo trascendental era ese "encuentro" con el Maestro.

Estoy seguro que tanto "el querer como el hacer" se lo puso Dios en su corazón. Qué lindo es saber que todavía Dios está en el asunto de poner el deseo en nosotros de tener ese encuentro con Jesús.

Zaqueo se quedó sentado en la rama del árbol porque sabía, y tenía la certeza, que Jesús iba a pasar por allí.

Quién sabe si algún joven lo vio y se burló de él pensando por qué un hombre de tanta envergadura se estaba ridiculizando al subirse a un árbol.

Es posible que el joven mirara en pos del camino y le dijera a Zaqueo en forma burlona: "Zaqueo baja, que lo único que se ve es una cabra amarrada", pero él se quedó sobre su "rama" porque sabía que tarde que temprano Jesús iba a pasar por allí.

Yo te pregunto querido lector, amado de Dios, ¿cuándo fue la última vez que te quedaste sentado sobre una "rama" esperando que Jesús llegara porque deseabas un "encuentro cercano" con Él? Te mantuviste ahí aunque te tildasen de loco, de fanático, aunque se rieran de ti. Permaneciste ahí aunque llegaron a tu mente ideas provocativas, diciéndote que no era lógico perder tanto tiempo y que era preferible, y más juicioso, que ese tiempo se utilizase en algo "más" productivo, como hacer dinero y así poder adquirir una casa o carro más lujoso. Ese es el "hombre natural" hablando, mi hermanito.

Mi oración es que no te muevas de su "árbol" hasta que llegue Jesús y te diga como a Zaqueo: "Date prisa, desciende, porque hoy es necesario que pose yo en tu casa".

Qué hermoso es tener ese encuentro con el Maestro a diario. Cuando eso sucede te das cuenta porque hay un cambio radical: Zaqueo pasó de ser recaudador de impuestos y rico a ser benefactor de los pobres. La mujer samaritana pasó de adúltera y pecadora a testificar sobre el Mesías a su pueblo; y Pablo pasó de intelectual, fariseo, perseguidor de la iglesia a plantar iglesias para Cristo.

San Pablo escribe en Filipenses 3:7: "Pero cuantas cosas eran para mi ganancia, las he estimado como pérdida por amor de Cristo". Que cambios tan radicales. Pero gracias a ese encuentro que cambió sus vidas, "conocieron" quién realmente era Jesús y supieron a dónde ir cuando el enemigo viniera a tratar de amedrentarlos.

Otra señal que da testimonio de que has tenido un encuentro con Jesús y sabes quién es Él es que no te mueves sin que Él vaya contigo. Cuántas veces salimos corriendo sin que nuestro Señor vaya con nosotros. En ocasiones le decimos a Dios: "Si no es tu voluntad, detenme", y comenzamos a caminar.

Lo correcto sería decirle como Moisés en Éxodo 33:15: "Si tu presencia no ha de ir conmigo, no nos saques de aquí". Cuando quieras prosperidad y paz, y que el enemigo no dañe tus planes, procura que los planes no sean los tuyos sino los de Dios. NO te muevas sin Él.

Conocí el caso de una pareja que insistían en que Dios les estaba diciendo que se mudaran al estado de la Florida, en los Estados Unidos. Dios utilizó a tres personas, tres vasos de distintos lugares, para confirmarles que no era la voluntad de Él, pero aun con esas advertencias, decidieron mudarse.

Es interesante ver cómo, supuestamente, Dios está enviando a tantas personas a Florida. He escuchado que Dios les habla y les envía a Florida, Puerto Rico, San Diego o a algún otro hermoso lugar, pero casi nunca les envía a un área sumamente pobre y con alta criminalidad, aun cuando esté llena de posibles almas para el Señor.

Mi querido hermano, no es que Dios no pueda enviarte a Florida, lo importante es que sea en el tiempo de Dios, hay

Cuando quieras prosperidad y paz, y que el enemigo no dañe tus planes, procura que los planes no sean los tuyos sino los de Dios. NO te muevas sin Él.

que estar prestos para escuchar bien sus directrices.

La pareja de la cual estaba hablando, me informó que desde que llegaron todo les fue mal y hasta su matrimonio se ha visto a punto de destruirse. Amado, no te mudes, no te cases, no compres auto, no tomes decisión alguna sin que estés seguro de que Él va contigo.

No hay nada como ese encuentro cercano, estar con Él y conocerle, para que cuando el enemigo trate de amedrentarte sepas a dónde ir y con quién estar.

Conozco una historia mitológica persa que quiero compartir contigo. Se decía que existía un ave gigante que cuando volaba, las personas corrían para posarse bajo la sombra de sus alas, y que todo aquel que fuese tocado por esa sombra, recibía sanidad y buena fortuna.

La leyenda afirma que un día el rey de la nación salió al campo con su corte y sus siervos. Dice el relato que cuando iban cabalgando, notaron que el "Ave milagrosa" se aproximaba, por lo que todos salieron corriendo para ver si podían estar bajo la sombra de aquel ave y así recibir su fortuna.

El rey notó que todos se habían marchado con excepción de un siervo, lo que le causó gran curiosidad. Cuando el monarca le preguntó la razón por la cual no se había ido tras el ave, y así adquirir fortuna, el siervo todavía con los ojos puestos en el suelo y con mucha reverencia le respondió:

"¿Por qué he de ir corriendo tras un simple pájaro, cuando puedo estar en la compañía de un gran Rey?"

Dice la leyenda que el rey quedó tan impresionado con la respuesta de su siervo que le puso como segundo al mando.

Y tú hermano, ¿correrás tras "pájaros" fantásticos para asegurarte de que todo en tu vida te vaya bien o imitarás a la viuda, que en el momento en que el enemigo quiso amedrentarla, no fue tras "pájaro" alguno, sino que se acercó al que ella conocía como su Dios? La viuda supo a donde ir.

Jehová le dijo a Moisés, en Éxodo 33:21: "Y dijo aun Jehová: He aquí un lugar junto a mí". Dios también tiene un lugar junto a Él para ti y para mí. Para que cuando el enemigo trate de amedrentarnos, sepamos a dónde ir y le podamos decir a nuestro Dios: "Guárdame un ladito".

Creando nuevas inquietudes…

- Cuando enfrentas alguna situación difícil, ¿A quién es la primera persona que acudes?
- ¿Vas a esa persona porque piensas que es más accesible que "el portavoz" de Dios, que te conoce mejor, que puedes ser más sincero o porque no crees que Dios vaya a atender tu necesidad?
- ¿Qué significado tiene para ti el hecho de que la Biblia afirme que el velo que separaba el lugar santo del Lugar Santísimo se rasgó en dos cuando Jesús expiró?
- ¿Quién es Jesús para ti?
- Con honestidad, ¿Has corrido tras algún "pajarraco" cuando puedes estar en la presencia de un gran rey?

Un toque final…

Recuerda: Es importante tener una relación íntima con nuestro Señor. No queremos "verlo de lejos".

Capítulo

3

Él promete y cumple

"El hombre" promete, muchas veces, por conveniencia o por obligación; sin intención de cumplir. Qué hermoso es saber que la fidelidad de nuestro Dios para con nosotros es "sí y amén".

Sucede cada cuatro años en la vida de los puertorriqueños. No estoy hablando del 29 de febrero, ni tampoco estoy pensando en los Juegos Olímpicos. No mi hermano, estoy hablando de las contiendas políticas que mantienen a mi país en un estado de ansiedad, de "dimes y diretes", de disturbios, etc.

Ese proceso dura de uno a dos años. Y me refiero a un periodo de tiempo en el que todos los medios de comunicación, aparentemente, tienen una sola "neurona", la cual solo transmite el quehacer político de mi país.

En ese tiempo todo está lleno de pancartas, grafitis o mensajes pintados en los muros, cruzacalles, tarimas, concentraciones, convenciones y mucha música estridente. Gracias le doy a Dios que me ha permitido vivir en una comunidad donde la hermandad y la concordia están muy por

"Uno es dueño de lo que calla, pero esclavo de lo que dice".

encima de los "dimes y diretes" políticos. Nuestros vecinos no miran líneas partidistas para literalmente salir corriendo a socorrer a los que se encuentren en necesidad.

Pero de todo lo que sucede en ese periodo de contienda política quisiera traer a colación un aspecto en particular: las famosas "promesas" que hacen en sus discursos TODOS los candidatos a un puesto electivo. No importa el partido que representen, esos hermanos puertorriqueños —en más de una ocasión— mencionan en sus discursos lo siguiente: "Queridos compañeros, les PROMETO que si ustedes me dan el voto de confianza y me eligen, les voy a arreglar las calles, las escuelas; la criminalidad va a disminuir, bajaré los impuestos, etc., etc., etc."

Aunque ya la mayoría de nosotros entendemos que muchas de esas promesas se quedan en eso, *promesas,* es importante recordarlas —y si es posible grabarlas—, para que cuando ese candidato o candidata sea electo tú o yo podamos ir y recordarle lo que prometió.

Es posible que te diga: "Yo, en verdad, no recuerdo haber dicho eso". Si lo hace, dale una dosis de "memoria" con la grabación o el recorte de periódico, recordándole lo que sí dijo. La verdad es que muchos políticos debieron haber tenido a mi padre como asesor. Él les hubiese recordado el muy conocido refrán:

"Uno es dueño de lo que calla, pero esclavo de lo que dice".

Por otro lado, muchos de nosotros a menudo sufrimos de amnesia y se nos olvida ese refrán. Por eso es que les hacemos promesas a nuestros hijos y nos olvidamos del asunto. Sin embargo, a esos preciosos regalos de Dios se les podrá olvidar la tarea, arreglar el cuarto, botar la basura y hasta comer, PERO no se olvidan de las promesas hechas por sus padres, aunque se las hayan hecho hace mucho tiempo.

Qué bueno es saber que tú y yo tenemos un Padre que no olvida las promesas que nos hace.

Es como si mantuvieran un diario en el que escribiesen cuanto suspiro sale de la boca de sus padres, si tales suspiros implican para ellos recibir algo agradable. Me da mucha pena con los padres que hablan mientras duermen. Me imagino a sus "angelitos" utilizando una grabadora y registrando esas promesas hechas mientras sus progenitores roncan.

Cuando van a recordarles las promesas a sus padres, lo primero que sacan es la grabación y a los pobres padres confundidos no les queda otro remedio que acceder a lo que prometieron. La verdad es que esos "angelitos" no tienen misericordia con sus padres.

Qué bueno es saber que tú y yo tenemos un Padre que no olvida las promesas que nos hace. Aparentemente la viuda del segundo libro de Reyes, capítulo cuatro, tenía bien claro que Dios cumplía lo que prometía.

Eso lo vemos cuando ella, al ir donde Eliseo, le dijo: "Tu siervo mi marido ha muerto; y tú sabes que tu siervo era temeroso de Jehová". Es posible que ella recordara lo que el siervo de Dios, el rey David, había escrito en el Salmo 37: "Joven fui y he envejecido, y no he visto justo desamparado, ni su descendencia que mendigue pan".

Mi querido lector, este es el segundo principio que quisiera presentar a tu consideración. Cuando el "enemigo" viene en son de ataque contra nosotros y aplicamos el primer principio —"ir a nuestro Salvador"—, entonces apliquemos el segundo: llevar en nuestros labios las promesas que hemos recibido de Él.

Es probable que pienses: "Dios sabe lo que me prometió, y hasta lo que necesito, ¿por qué, entonces, tengo que recordárselo?" Estoy de acuerdo contigo. Dios no necesita que le recordemos lo que nos prometió, pero a nuestro Padre celestial le agrada que sus hijos le recordemos sus promesas.

En mi opinión, la primera razón es que a Dios le encanta hablar con nosotros. ¿Cuántas veces los hermanos oran, hablan o sostienen una conversación con Dios? Por lo general, lo hacen cuando tienen una necesidad o un problema. Nos ocurre a todos. Esperamos que el agua nos esté llegando al cuello para acercarnos a Él y hablarle.

Es importante aclarar que nuestra necesidad —"los panes y los peces"— nunca debe ser la razón para entablar una conversación con nuestro Señor. No obstante estoy seguro de que utiliza el hecho de que tú y yo tenemos necesidad y que acudimos a Él, para sembrar su Palabra, su plan y su perfecta voluntad en nosotros. Es más, emplea el tiempo que nos acercamos a Él para moldearnos como quiere.

Lo segundo es que al llevar ante Dios las promesas que nos ha hecho, le mostramos que estamos al tanto de lo que nos dejó establecido en su Palabra. Por ejemplo, ¿De qué vale recibir un regalo de cumpleaños si no vamos a abrir la caja ni a usarlo? Tú sabes que el que te obsequia un regalo espera que lo abras delante de él.

Lo mismo ocurre cuando no abrimos ni escudriñamos

la Biblia —la que incluye las promesas de Dios—, estamos dejando el regalo envuelto. Dios quiere que disfrutemos sus bendiciones, no que las tengamos de adorno o de "lujo".

En muchos versículos bíblicos vemos cómo los siervos de Dios le recuerdan las promesas que les ha hecho. No existen razones lógicas para que le hagan semejante recordatorio, pero vemos a Moisés, a Ana, a Ezequías y hasta a Job, recordándole a Dios sus promesas.

Dios nos quiere bendecir, pero somos tú y yo los que tenemos que movernos en FE para poseer las bendiciones que ya preparó para nosotros.

David escribe en el Salmo 25:6: "Acuérdate, oh Jehová, de tus piedades y de tus misericordias". Nuestro Dios llenó su Palabra de promesas para ti y para mí; sin embargo, quiere que se las recordemos mientras hablamos con Él.

Por eso el Maestro nos dice en Lucas 11:9: "Pedid, y se os dará; buscad, y hallaréis; llamad, y se os abrirá". Y qué poderoso es pedir conforme a las bendiciones que Jehová nos ha prometido.

Lo importante, en cuanto a "recordarle" sus promesas, es tener el pleno convencimiento de que las vamos a recibir. Dios pronunció las bendiciones para tu vida y la mía desde la eternidad pasada. Y como sabes, está escrito en las Sagradas Escrituras que: "Dios no es hombre para que mienta ni hijo de hombre para que se arrepienta".

Fíjate amado lector, Jehová le dijo a Jacob en Génesis 28:15: "He aquí, yo estoy contigo, y te guardaré por dondequiera que fueres, y volveré a traerte a esta tierra; porque no te dejaré hasta que haya hecho lo que te he dicho". Y todos sabemos que su promesa se cumplió cuando finalmente el pueblo de Israel entró a la tierra prometida y la poseyó.

Dios nos quiere bendecir, pero somos tú y yo los que tenemos que movernos en FE para poseer las bendiciones que ya preparó para nosotros. Amado lector, el pueblo de Israel había recibido la tierra de la que fluía leche y miel mediante una promesa hecha por Dios a Abraham, pero como dudaron y no la hicieron suya, la promesa se hizo realidad cuarenta años más tarde.

Dios no ofrece para no cumplir. La promesa está declarada pero, vuelvo y repito, tú y yo tenemos que caminar en fe para recibirla. El "enemigo" de las almas quiere que nos comportemos como los diez espías que Moisés envió a reconocer la "tierra prometida".

Que retornaron con un informe lamentablemente negativo y diciendo: "La promesa es inalcanzable". Trasladémonos un instante al lugar de los hechos, donde se cometió el crimen de no caminar en fe.

Lee el pasaje de Números 13:27-28, que dice: "Y les contaron, diciendo: Nosotros llegamos a la tierra a la cual nos enviasteis, la que ciertamente fluye leche y miel; y este es el fruto de ella. Mas el pueblo que habita aquella tierra es fuerte, y las ciudades muy grandes y fortificadas; y también vimos allí a los hijos de Anac".

Hasta ese momento los espías hicieron su trabajo bien; fueron y espiaron la tierra, hicieron un buen reconocimiento, trajeron un reporte fiel y preciso; en otras palabras, hicieron lo que tenían que hacer. El problema fue que se extralimitaron e hicieron lo que no se les pidió, dar su propia opinión en cuanto a la capacidad del pueblo de Dios para conquistar la "promesa".

Si leemos el versículo 31, vemos qué es lo que traigo a colación: "Mas los varones que subieron con él, dijeron: No podremos subir contra aquel pueblo, porque es más fuerte que nosotros". Estuvieron a punto de recibir lo que Jehová le había prometido a Abraham, pero lo perdieron porque no pudieron caminar en fe. Se cegaron mirando las dificultades y se les olvidó "Quién" ya había determinado que esa tierra iba a ser de ellos. Lo sucedido en aquel momento les produjo "amnesia", que es pérdida de la memoria. La amnesia es enemiga acérrima de la fe.

Al pueblo de Israel se le habían olvidado las diez plagas, incluida la última por la que murieron los primogénitos de Egipto cuando pasó el ángel de la muerte, pero que no tocó a los primogénitos de Israel. Al pueblo se le olvidó cómo, teniendo al ejército más poderoso de aquellos tiempos tras sus pasos su Dios dividió el Mar Rojo y lograron escapar, mientras destruía al ejército de Faraón.

Se le olvidó cómo, en medio del desierto, Jehová les proveyó agua, comida, sombra de día y calor de noche. Verdaderamente que el pueblo de Israel sufría amnesia. Esa amnesia disminuyó su fe, por lo que no pudieron concretar la promesa dada por Dios.

Cuántos de nosotros perdemos las promesas que Dios nos ha dado porque no las reclamamos. Olvidamos las grandezas que Dios ha hecho con nosotros. Mi querido hermano, tenemos que realmente internalizar lo que fue escrito en Hebreos 11:1, cuando el escritor de esa hermosa epístola nos dice: "Es, pues, la fe la certeza de lo que se espera, la convicción de lo que no se ve".

Cuántas veces los niños de 14 y 15 meses de edad se

lanzan al vacío sin pensar en que el suelo está duro, que se pueden partir un brazo o cualquier otra cosa perjudicial. Se aventuran seguros de que los brazos de su progenitor les van a estar esperando y no van a permitir que les suceda daño alguno.

El niño no nace con ese instinto, al contrario; aprende a relacionar a su padre o a su madre con la seguridad de modo que la misma persona que ha hecho otros "milagros" con él en su pasado, volverá a ejecutar algo grandioso y no le dejará caer al suelo.

Esa confianza proviene de las experiencias pasadas y de su simple entendimiento de que mientras su padre esté participando en el asunto habrá seguridad, como en otras ocasiones.

Lo mismo sucede en las cosas de Dios. Tenemos la certeza de lo que se espera y la convicción de lo que no se ve porque nuestro "Padre", que en el pasado nos ha demostrado que nos guarda como a la "niña de sus ojos", nos continuará cuidando.

¿Cuántas veces vemos hermanos que testifican —después que el Señor les ha sanado—, que mientras estaban enfermos tuvieron periodos de inseguridad, de miedo, de duda? Con frecuencia son los mismos que afirman que luego de ver a Dios obrar, la próxima vez que se han enfermado, ha sido más fácil caminar en fe, porque recuerdan lo que Dios ya ha hecho y saben que lo hará otra vez.

El enemigo de las almas quiere que tú y yo nos olvidemos de todas las obras bellas que nuestro Padre ha hecho, porque sabe que es posible que la duda se arraigue en nuestra mente y brote la incredulidad. Todos sabemos que el Evangelio según San Mateo declara: "Y no hizo allí muchos milagros, a causa de la incredulidad de ellos".

Ellos no creyeron por la falta de fe, carecían de esta porque no habían RECIBIDO la Palabra. Hermanos, no es solamente leer la Palabra o saber que ella existe; los judíos se pasaban repitiendo la palabra del Antiguo Testamento; lo que hay que hacer es permitir que esa palabra sea sembrada en nuestros corazones y que dé fruto.

Qué clase de promesa te ha hecho Dios, qué gran verdad dijo para ti en la eternidad pasada pero, por no poner en práctica tu fe, no la has recibido.

No podrá haber fe sin esa palabra ya que, como está escrito: "La fe es por el oír, y el oír, por la palabra de Dios".

Qué clase de promesa te ha hecho Dios, qué gran verdad dijo para ti en la eternidad pasada pero, por no poner en práctica tu fe, no la has recibido. Es posible que hayas estado mirando lo que crees o no que puede suceder, sin entender qué es lo que Jehová ha establecido. La palabra que ha salido de su boca. Palabra que "no retorna vacía".

El famoso ejemplo del "grano de mostaza" nos puede ilustrar lo que quiero decir. En el capítulo 17 de Mateo, la Biblia nos relata una historia en la cual los discípulos fueron incapaces de sanar a un muchacho que era lunático.

Cuando le preguntaron a Jesús la razón por la cual ellos no lo habían podido sanar, el Maestro les respondió: "Por vuestra poca fe; porque de cierto os digo que si tuviereis fe como un grano de mostaza, diréis a este monte: Pásate de aquí allá, y se pasará; y nada os será imposible".

Yo sé que el Señor estaba hablando de la medida de fe, pero permíteme dar otro punto de vista tomando en consideración la definición que brinda Hebreos sobre que es la fe: "La certeza de lo que se espera". En el caso de la semilla de mostaza, se espera que aunque es una semilla muy pequeña, si ella "muere y cae en la tierra", va a dar vida a un árbol grande.

La "certeza de lo que se espera", en cuanto a la viuda del segundo libro de Reyes, era que ya estaba escrito que Jehová no iba a permitir que los hijos de los justos "mendigaran pan". Ella se presentó ante el varón de Dios con esa promesa en sus labios, con la certidumbre de que la promesa se iba a cumplir. Caminó en fe e hizo suya la bendición que ya había sido dada. Bendición que ya había sido "hablada" por Jehová.

No importa la tormenta que enfrentes, ve a Él. Lleva Sus promesas en tus labios y en tu corazón, y espera un milagro.

Y tú, querido lector, ¿qué promesa te ha hecho Dios?, ¿qué bendición está esperando a que te muevas en esa fe y la hagas tuya? Es posible que tu hijo, que antes cantaba en el coro de la iglesia, ahora esté atado por el vicio de las drogas. Pero, acaso tu certeza no se basa en que está escrito que el que comenzó la buena obra la terminará; que si crees en Jesucristo, "tú y tu casa serán salvos"; que aunque le seamos infieles Él seguirá siendo fiel, etc. Recuerda que Él cumple lo que promete.

Jesús declara: "Pide y se os dará", y nosotros confiamos en esas palabras porque Cristo ya pagó el precio para que tú y yo podamos ir, pedir en su nombre y estar completamente seguros de que recibiremos. Basado en esas verdades es que te digo amado hermano: No importa la tormenta que enfrentes, ve a Él. Lleva Sus promesas en tus labios y en tu corazón, y espera un *milagro.*

Creando nuevas inquietudes...

- ¿Cuántas veces vuelves a acudir a esas personas que siempre te prometen y nunca te cumplen? ¿Por qué crees que tienes la necesidad de volver a creerles?

- ¿Qué clase de vacío tienes para que creas que esas vanas promesas pueden llenarlo? ¿Será posible que necesites llenar esa área de tu vida con promesas de Aquel que sí cumple?

- ¿En cuántas ocasiones te has arrepentido de lo que ha salido de "tu boca" y quisieras recogerlo nuevamente? ¿Será que eres una persona un tanto impulsiva?

- Cuando tienes una dificultad y acudes a tu Salvador, ¿Le recuerdas Sus promesas? Si no lo haces, explica por qué. ¿Te has familiarizado con las promesas que están escritas en Su Palabra y que son para ti y los tuyos?

- ¿Será posible que hayas permitido que otros minimicen o te hagan dudar de las promesas que Dios tiene separadas para ti? ¿Será posible que hayas olvidado las bendiciones que has recibido en el pasado y, por ende, no creas que las recibirás en un momento de necesidad?

Un toque final...

Recuerda: El único que promete y cumple es nuestro Dios. Pero es importante que apliquemos nuestra fe a Sus promesas y que cuando vayamos a Él llevemos esas promesas en nuestros labios.

Capítulo

4

Lo poco, en las manos de un gran Dios, es suficiente

El tamaño no indica el poder y, para muestra, con un "átomo" basta. Recuerda que el poder que respalda tu talento es el mismo que creó lo visible y lo invisible.

Antes de comenzar a compartir con ustedes acerca del cuarto principio, permítanme contarles algo que tuve el honor de vivir en mi caminar con el Señor. La historia que les voy a narrar es verídica, pero omitiré los nombres para proteger el derecho a la privacidad de personas a quienes amo mucho.

No recuerdo el año ni la fecha exacta en que ocurrió esta historia, lo que sí recuerdo es que causó una impresión en mi mente y mi corazón que nunca olvidaré y que, en muchas instancias, me ha ayudado cuando mi motivación es baja.

Sí, hermanos, mi motivación muchas veces está baja, y no voy a pretender que siempre estoy caminando como un "león" porque a veces no paso de "gatito", y no quiero que los amantes de los gatos se ofendan.

La verdad es que muchas veces escucho hermanos que hablan como si no tuviesen días difíciles. Creen, erróneamente, que si no proyectan que están encima de la "ola", van a decepcionar a los demás.

Amados, todos sabemos que en esta vida tendremos "unas de cal y otras de arena". Lo importante es que en nuestro peregrinaje por este mundo el Señor nos lleve a observar las experiencias ajenas, en las que Él se glorifica, de manera que las recordemos en NUESTROS momentos de necesidad, cuando quizás estemos con el agua hasta el cuello.

Regresemos a la historia. Ocurrió en una iglesia en los Estados Unidos. Recuerdo como si fuese ayer, un domingo por la noche, el director del coro se levantó en el altar e hizo un anuncio. Pidió que todos los que desearan participar en el coro para la cantata de Semana Santa, se comunicaran con él.

Mi esposa decidió en aquel momento que iba a tratar de pertenecer al coro. De mi parte les diré que no puedo mentir, me hubiese encantado, pero no sé cantar ni en la "ducha", como decimos en Puerto Rico.

Estoy seguro de que estarán pensando, ¿qué tiene que ver el anuncio del director del coro con este capítulo? No te adelantes hermano, ahora viene lo que me dejó boquiabierto.

La mano que menos yo esperaba que se levantara, lo hizo. Para mi asombro e ignorancia, una hermana a la cual yo amaba mucho, pero que había tenido un derrame cerebral, se atrevió a levantar su mano en medio de una congregación en la que los cantantes abundaban, como decimos en mi tierra: "ni botándolos se acaban".

Yo dije: "Esta es una mujer valiente o no entendió la pregunta que le hicieron". Y pensé: "Cuando ella sepa la razón de la reunión, no participará". Pero, qué sorpresa me llevé cuando llegué con mi esposa a los ensayos del coro. La primera persona que estaba en el salón era la hermana, con todo y su defecto.

Se me estaba olvidando algo muy importante con referencia al problema de ella. Muchas personas pueden sufrir un derrame cerebral y quedar con parálisis en alguna extremidad. Es posible que pienses: "La parálisis de una pierna no afecta el potencial que la persona tiene para cantar". Y yo te diría que tienes razón, pero el problema en este caso fue que ella quedó con un severo problema en el "habla", por lo que eran muchos los sonidos que no podía pronunciar.

El coro continuó practicando, mi esposa participó en la cantata y, para mi sorpresa, la hermana con todos sus defectos del habla estaba presente y perseverante.

Dios utilizó las habilidades del director del coro, la disponibilidad de la hermana y la pequeña porción de talento que ella tenía. Todo eso se mezcló en las manos del "Alfarero" y, en el día en que celebramos la resurrección de nuestro Señor, la cantata estuvo hermosa y la hermana fue uno de los "granos de arena" que formaron aquella hermosa adoración al Señor. Cómo lloré ese día.

Como esta historia existen muchas que podría compartir con ustedes, y estoy seguro de que ustedes podrían contarme muchas a mí, pero en este momento deseo regresar a la historia que hemos tomado para aprender a no dejarnos amedrentar.

Recordemos que, en el segundo libro de Reyes, la viuda acudió a Eliseo quien —luego de conocer su inmenso

YA DIOS NOS HA DADO ARMAS PODEROSAS EN ÉL.

problema—, le preguntó: "¿Qué te haré yo? Declárame qué tienes en casa".

No vemos a Eliseo dándole el dinero que le hacía falta, ni comprometiéndose a ir y persuadir al acreedor para que la dejara en paz, ni siquiera lo vemos decirle: "Pues, déjame orar"; y que quede bien claro, en mi opinión —y estoy seguro que en la tuya también—, lo primero que hay que hacer es buscar la dirección de Dios. Pero en este caso vemos que Eliseo deseaba que la viuda se diera cuenta de los talentos, dones y recursos con los que ella YA contaba.

Esta es la parte que muchos hermanos no entendemos o no queremos entender: YA DIOS NOS HA DADO ARMAS PODEROSAS EN ÉL. La Palabra es bien clara en 2 Corintios 10:4, cuando establece: "*Porque las armas de nuestra milicia no son carnales, sino poderosas en Dios para la destrucción de fortalezas...*"

Cuando tú y yo acudimos a nuestro Señor porque el "enemigo" quiere amedrentarnos, lo primero que nos va a preguntar es lo mismo que Eliseo le preguntó a la viuda: "¿Qué tienes en tu casa?"

Imagínate, querido lector, que un día yo vaya ante Dios y le diga: "Padre, mira el techo de la casa de tu siervo que está goteando, todos los muebles se me han mojado. Te pido, en el nombre de Jesús, que hagas algo".

Al instante, y sin entender por qué, me miro las manos sin darle importancia. Puede que pasen varias semanas y, después de otro día de lluvia (de los que hay muchos en Puerto Rico), vuelven las goteras y también yo a la presencia de mi Padre celestial, con el mismo clamor. Tras terminar mi plegaria y sin entender por qué, vuelvo a verme las manos.

Sé que este no es tu caso, puesto que el que es un poco lento para entender cuando Dios me está gritando que tengo la respuesta conmigo y la he tenido desde que nací, soy YO. Sí, amado, muchas veces, cuando acudo a Dios lo primero que me aclara es: "Y las manos que te di, ¿para qué las quieres? Las piernas que te di, ¿para qué las quieres? La mente que te di, ¿para qué la quieres?" Él nos ha dotado de muchas armas para solucionar nuestros problemas, pero a veces decimos como la viuda: "Tu sierva ninguna cosa tiene en casa, sino una vasija de aceite".

El problema, mi querido hermano, es que no usamos lo que Él nos ha dado.

Así somos a menudo, perdona, no estoy hablando de ti, sino de mí. Comienzo con el lloriqueo: "Es que yo no tengo nada, es que yo no puedo, es que no soy capaz, es que yo no… etc., etc., etc." Hablo como si fuese huérfano, cuando tengo a un Dios todopoderoso que lo poco que yo tenga lo toma en sus manos y es más que suficiente. El problema, mi querido hermano, es que no usamos lo que Él nos ha dado.

Hace un tiempo atendí a una dama en mi oficina que sufría una depresión severa y nada de lo que "YO" trataba le daba resultados. Inclusive, traté con medicamentos, sin mejoría alguna.

Un buen día, en vez de preguntarle al "YO", le pregunté al Médico por excelencia, consulté con Jehová Rapha (Jehová tu sanador). Me enteré que la hermana tenía una voz preciosa y que había cantado para el Señor en muchas iglesias. Supe que cuando cantaba, la unción era tal que las personas eran salvas, libertadas y que ella era un vaso que Dios estaba usando con poder y autoridad.

El problema fue que la hermana, en el momento del ataque del enemigo, olvidó que Dios ya le había dado una "arma poderosa en Él", para derribar la muralla de la opresión que no la dejaba vivir tranquila y que le impedía vivir en la plenitud de Cristo.

Luego de varias reuniones, en las que la mayor parte del tiempo lo dedicamos a la oración, comenzó a utilizar nuevamente el "arma" que Dios le había dado; realmente puedo decir que fue un "remedio santo", puesto que fue el Sanador divino quien intervino, y lo que utilizó no fue fuego del cielo, ni trompetas, ni terremotos, sino un talento que la persona ya tenía, y en las manos del Señor fue más que suficiente.

La pregunta que todos debiéramos formularnos es: ¿Por qué no vemos, ni utilizamos, "lo que tenemos en nuestra casa"? En mi opinión, es posible que hayamos "enterrado" los dones y talentos que Él nos ha dado, creyendo que están muertos, y que les hayamos puesto una piedra para cerrar la entrada a la "tumba".

Algo parecido sucedió hace mucho tiempo en un pequeño pueblo, en el Medio Oriente. La Palabra nos narra que, en cierta ocasión, un buen amigo de Jesús se encontraba enfermo y que sus hermanas enviaron por el Maestro puesto que entendían que Lázaro se estaba muriendo.

En aquel momento Jesús declaró algo muy importante: "Esta enfermedad no es para muerte, sino para la gloria de Dios, para que el Hijo de Dios sea glorificado por ella". Jesús sabía algo que ni las hermanas ni los amigos de Lázaro sabían; que nada deja de funcionar hasta tanto y cuando Jehová lo determine. La Palabra continúa narrando que el Maestro se quedó dos días más en el lugar donde estaba cuando le llegó la noticia.

Mientras tanto, en una aldea cerca de Jerusalén llamada Betania, había comenzado el desenlace de la novela titulada "La muerte de Lázaro". Me imagino que al no llegar "el médico", comenzaron los "expertos" de la aldea a brindar sus opiniones sobre la funcionalidad del cuerpo de Lázaro, como si ellos hubieran sido los arquitectos del mismo.

Nada deja de funcionar hasta tanto y cuando Jehová lo determine.

En realidad, lo que son es mercaderes de la muerte, traficantes de lo negativo y portavoces de "imposibilidades". Estoy seguro de que ustedes conocen a alguno de esos "expertos".

Esos son los que entierran los dones y talentos tuyos y míos, aunque no estén muertos. Me imagino que comenzaron a darles el pésame a Marta y a María. Si ese suceso hubiese ocurrido en estos tiempos, les habrían dicho: "Yo conozco un buen sicólogo y un buen grupo de apoyo para los que pierden a un ser querido".

Ellos veían que los latidos del corazón de Lázaro disminuían y cuando notaron que ya no respiraba, que su corazón

"Aquí descansa lo que Dios me dio, yo lo declaré muerto aunque no lo estaba".

dejó de latir, que no se movía, que aparentaba no estar funcionando, decidieron declarar que estaba muerto, aunque Jesús había dicho que su enfermedad no era para muerte.

En medio del lloro, del dolor y de la confusión que se vivió en Betania, colocaron el cuerpo que supuestamente nunca volvería a funcionar, en una tumba y le pusieron una piedra frente a la entrada de la tumba. Esa piedra significaba el "fin", "se acabó", "*se finito*", representaba la separación entre lo vivo y funcional con lo no vivo, lo no funcional. No podían ver a Lázaro vivo y produciendo porque lo enterraron y le colocaron "la piedra", que imposibilitaba llegar hasta donde él.

En muchas ocasiones, hacemos lo mismo con las "armas" que el Señor nos da. Las enterramos y ponemos una piedra frente a la tumba, con una lápida que lee: "Aquí descansa lo que Dios me dio, yo lo declaré muerto aunque no lo estaba".

Hay varias cosas que hacen que nuestros dones y talentos se vean como si estuviesen muertos y no funcionales, y en este momento quiero que nos concentremos en dos de ellos: no los alimentamos y no los ejercitamos.

Pablo le escribe a su discípulo en 1 Timoteo 4:14: "*No descuides el don que hay en ti...*" Si el hermano Pablo le hizo esa advertencia a Timoteo es porque entendía que su pupilo podía descuidar su "don", por varias posibles razones.

Veamos con mayor detenimiento el primero de estos dos errores que podemos cometer cuando descuidamos ese talento o don. El mismo apóstol Pablo nos dice en 2 Timoteo

1:6: "*Por lo cual te aconsejo que avives el fuego del don de Dios que está en ti...*"

Todo lo que tú alimentas crece y, por el contrario, lo que no alimentas se torna mal nutrido y poco funcional. Desde los expertos en el arte de "asar carne" hasta los neófitos, como este servidor, sabemos que lo que mantiene ardiendo al fuego y, por ende, cocinando esos trozos de carne bien adobados, es la madera, el carbón o cualquier otro material que se use como combustible.

En otras palabras, para que el fuego continúe hay que "alimentarlo". Qué rico es ese olor a pollo, u otro pedazo de carne, en la "parrilla", especialmente luego de pasar un día jugando en un parque. Todos ustedes saben de lo que les estoy hablando.

El problema surge cuando cometemos la "novatada" que cometí en una ocasión. Al llegar mi esposa y el resto de los "leones" hambrientos, vimos la carne que estaba bien adobada sobre la parrilla, pero cuando ella se percató de la palidez de mi rostro, lo primero que me preguntó fue: "¿Qué le pasó a la carne?, porque no huele y tenemos hambre".

De repente todos los ojos se posaron sobre mí; mis angelitos no me miraban con dulzura, sino con ojos que decían: "Es mejor que la comida aparezca pronto". Mi error fue que aunque tenía interés en que la carne se cocinara, utilicé el combustible equivocado. "Alimenté" el fuego con ramas que estaban un tanto verde y hojas que estaban un poco húmedas.

Lo que yo estaba esperando con esa técnica era un "milagro". Como debes imaginarte, el fuego se fue "muriendo" poco a poco hasta que lo declaré totalmente muerto. Gracias a Dios por los lugares donde podemos comprar comida rápida. Llevé a los niños a McDonald y volví a ser el "héroe" de la película.

En muchas ocasiones hacemos lo mismo con los dones y talentos que Dios nos ha dado. Queremos "alimentarlos", pero utilizamos el combustible equivocado. Se nos olvida que los dones son de origen espiritual y pretendemos "nutrirlos" con alimento del mundo natural. Existen varias porciones bíblicas que nos hablan claro sobre este particular, pero permítanme hacer mención de tres.

Queremos "alimentarlos", pero utilizamos el combustible equivocado.

Pablo escribe claro acerca de las armas que tú y yo poseemos cuando en 2 Corintios 10:3-4, afirma: "*Pues aunque andemos en la carne, no militamos según la carne; porque las armas de nuestra milicia no son carnales, sino poderosas en Dios...*" Pablo también nos dice en la epístola a la iglesia en Roma: "*Porque los que son de la carne piensan en las cosas de la carne; pero los que son del Espíritu, en las cosas del Espíritu*" (Romanos 8:5). La tercera porción bíblica proviene de la boca de Jesús cuando una noche, al aclararle a Nicodemo —un principal entre los judíos—, sobre el nuevo nacimiento, le dijo: "*Lo que es nacido de la carne, carne es; y lo que es nacido del Espíritu, espíritu es*" (Juan 3:6).

No podemos alimentar nuestros dones y talentos con lo que se nutre "la carne". Yo recuerdo que luego de estar en Puerto Rico por algunos meses, comencé a escuchar las estaciones radiales para ponerme al tanto del quehacer noticioso de mi país.

Se me había olvidado que una gran porción de lo que se estaba trasmitiendo en aquella época eran los "dimes y diretes" políticos. No es que el creyente deba enterrar su cabeza en la arena e ignorar lo que está sucediendo en el lugar donde vive, sino que debe tener cuidado para que no tenga la misma experiencia negativa que yo.

Es fácil mantener el fuego del don de Dios que hay en ti ardiendo cuando lo alimentas con "leña espiritual".

Notaba que se me hacía más difícil orar y alabar a Dios, y que ya no tenía mi mente continuamente en las cosas del Señor. Notaba además que sentía coraje y un extraño malestar dentro de mí, ya no sentía la paz a la que me había acostumbrado desde que conocí a Jesús.

Un día, mientras hablaba con Dios, le expresé mi preocupación. Enseguida me hizo recordar que antes de regresar a Puerto Rico, lo único que yo hacía era escuchar música cristiana, cintas de predicaciones y programas en la radio cristiana. Las conversaciones que sostenía con mis compañeros eran referentes a Dios y al gozo de mi salvación.

Es fácil mantener el fuego del don de Dios que hay en ti ardiendo cuando lo alimentas con "leña espiritual", pero cuando todo lo que entra en ti son las acusaciones de un político contra el otro por cuestiones partidistas, cuando lo que escuchas son chismes y un sinnúmero de propaganda negativa que en nada edifica al espíritu comienzas a apagar la llama del Espíritu en tu vida. Empiezas a sentir el peso de lo "carnal", por lo que es más difícil moverse en el campo espiritual.

Estamos enfrascados en una batalla espiritual y queremos alimentar "las armas de nuestra milicia", con "muerte" en vez de "vida". La Biblia no dice que dejemos de escuchar tal o más cual programa radial o televisivo, pero nos habla con una claridad única acerca de las actividades en las cuales tú y yo debemos emplear nuestro tiempo.

Leemos en Filipenses 4:8: *"Por lo demás, hermanos, todo lo que es verdadero, todo lo honesto, todo lo justo, todo lo puro, todo lo amable, todo lo que es de buen nombre; si hay virtud alguna, si algo digno de alabanza, en esto pensad"*. Y permítanme repetir esta última parte con letras mayúsculas, EN ESTO PENSAD.

No podemos llenar nuestra mente de cosas estériles y contiendas vanas, y pretender dar fruto cuando utilicemos nuestros dones y talentos. Lo que entra en nosotros nos convierte en "eso".

En una ocasión tuve un paciente. Era un niño de unos nueve años, cuyo padre lo trajo para una evaluación porque el pequeño era "muy violento". Luego de una minuciosa historia durante la primera consulta, encontramos una de las posibles causas de su "mal".

La causa era su "padre". Este es una bella persona y realmente ama a sus hijos. El problema que tenía su padre era la debilidad por las películas violentas y, según el mismo padre me dijo, él y su hijo compartían las hojuelas de maíz, los jugos, los bizcochos y, sobre todo, decenas de esas películas llenas de material sumamente violento.

Como este ejemplo, podemos dar tantos que escribiríamos varios libros; es más, estoy seguro de que tú tienes tal vez una o dos de esas historias. Lo importante es recordar que lo que alimentamos vive, mas lo que no alimentamos muere.

Esa es una de las razones por las que nuestro hermano Pedro afirmó: *"Desead, como niños recién nacidos, la leche espiritual no adulterada, para que por ella crezcáis para salvación"*. Mientras vas creciendo y madurando en el Señor, van madurando tus dones y talentos.

Pero para que eso suceda, los tienes que alimentar con el nutriente "correcto". En otra ocasión continuaremos hablando sobre nuestra "dieta", pero ahora permíteme exponer el segundo problema que lleva a nuestros dones y talentos a verse como si estuviesen muertos y no funcionales: NO LOS EJERCITAMOS.

Lo importante es recordar que lo que alimentamos vive, mas lo que no alimentamos muere.

En una ocasión, tuve la oportunidad de trabajar con un atleta cubano que se dedicaba al deporte de levantamiento de pesas. Vi una foto en la que él aparece con algunas medallas y, créeme amado lector, a ese caballero se le notaban músculos que yo no sabía que existían.

Recuerdo que una de las áreas que más me impresionaron fue su abdomen. Sus músculos abdominales estaban firmes, lucían casi perfectos. Era como una escultura en la que podía notar cada músculo en forma individual levantándose como una muralla. De repente me encontré viendo al caballero del retrato, pero ahora lo veía en persona, y me pregunté: ¿A dónde se habrá ido la "escultura"?

Inicialmente titubeé, al preguntarle, porque no quería ser imprudente pero, como dicen en mi tierra: "la curiosi-

No ejercitamos el don de Dios que hay en nosotros, por lo que comienza a perder "forma".

dad mató al gato", y no me pude contener.

En forma respetuosa, y en tono bajo, salió de mis labios la pregunta que navegaba por mi mente. ¿Qué pasó? Mi amado lector, aquel abdomen escultural se había convertido en una masa "gigante", la cual se desplazaba hacia el frente como si fuese una dama con un embarazo a término.

Mi compañero de trabajo se sonrió y me dijo: "Esto es lo que sucede cuando dejas de ejercitar los músculos". Me dijo que mientras se mantuviera ejercitando su cuerpo podría mantenerse en buena forma, pero que al pasar los años, y más que los años, su inactividad hizo que la "escultura" perdiese su esbelta forma.

Lo que sucedió con mi amigo es lo que ocurre con nosotros, **no ejercitamos el don de Dios que hay en nosotros, por lo que comienza a perder "forma"**, por así decirlo.

Dice el apóstol Pablo que los dones fueron dados a cada uno de nosotros por Dios para la edificación de la iglesia. La intención de Jehová fue que tú y yo, en vez de enterrar los dones, los usáramos. Cuando los usas, la iglesia es edificada, tú eres edificado y nuestro Dios es glorificado.

Además, si los utilizamos, aprendemos más acerca de los dones y talentos que hemos recibidos. Ejemplo de eso fue cuando David se iba a enfrentar a Goliat.

El rey Saúl le ofreció su espada y su armadura. Pero cuando David se puso la armadura de Saúl se la quitó y le dijo: "Yo no puedo andar con esto, porque nunca lo practiqué"

(1 Samuel 18:39).

Así que cogió su honda, porque con ella era que practicaba; no la vio como algo pequeño, sino como el DON que Dios le había dado y por el que él se había ocupado en ejercitar. Hay algunas personas que minimizan los dones de Dios y, en vez de practicar y ejercitar lo que reciben, los vemos siempre deseando los que nuestro Señor les da a otros. Perdemos el tiempo fantaseando, en vez de "ejercitarnos" con lo que Él separó para nosotros.

En resumidas cuentas, cuando no alimentamos ni ejercitamos nuestros dones y talentos, comienzan a lucir como si fueran "no funcionales", hasta que llega el momento en que parecen estar "muertos".

Es en ese momento en el que tú y yo enterramos el "don" recibido, y le ponemos la "PIEDRA" para sellar la entrada. Pasemos al próximo capítulo, en el que hablaremos de algunas de esas famosas "piedras" que no nos permiten ver ni llegar a donde hemos enterrado nuestros dones y talentos. Los dones y talentos que hemos declarado "muertos", aunque no lo están.

Creando nuevas inquietudes...

- ¿Cuántas veces no utilizas tu talento porque crees que no va a ser eficaz? ¿Será que estás mirándolo con una "visión natural" y no con la "espiritual?"
- ¿Cuáles dones y talentos has enterrado y que "piedras" has puesto frente a su tumba?
- ¿Cuántos mercaderes de la muerte, traficantes de lo negativo y portavoces de "imposibilidades" hay en tu vida? ¿Cómo puedes lidiar con ellos para evitar que entierren tu don o talento?
- ¿Con qué tipo de alimento has nutrido últimamente tu talento? ¿Te has dado cuenta de que tu talento trabaja mejor cuando le das alimento espiritual, alimento "vivo"?
- ¿Cuándo fue la última vez que ejercitaste el don o talento que Dios puso en tus manos?

Un toque final...

Recuerda: Nada deja de funcionar hasta que Dios lo declara. Por ende, alimenta y pon en práctica el don o llamado que has recibido de tu Señor, puesto que Él se glorificará.

Capítulo

5

Continúan las piedras: unas, piedritas; otros, peñones

Cuando una piedra te moleste, no te desanimes.
Utilízala como escalón y sube a un nivel superior.
Quién sabe si Dios la dejo ahí para tu bien
y no tu tropiezo.

En el capítulo anterior vimos cómo en tantas ocasiones tú y yo enterramos lo que hemos declarado "muerto" aunque no lo está. Vimos cómo al no alimentar apropiadamente nuestros dones, y al no ejercitarlos, parecían como si estuvieran en un "letargo", disfuncionales, "muertos".

Decidimos que, como habían "muerto", lo más juicioso era enterrarlos y ponerles una piedra que nos impidiera entrar a la tumba donde los echamos para nunca regresar a "ellos". Se nos olvidó que en Romanos 11:29, el hermano Pablo le escribe a la iglesia en Roma una verdad poderosísima y le dice: "Porque irrevocables son los dones".

Ahora bien, el problema es que empezamos a ver con ojos carnales lo que pertenece al mundo espiritual. Por tanto, este capítulo lo dedicaremos a mencionar y analizar algunas de las piedras con las que sellamos la tumba donde enterramos lo que NO está muerto.

> **¿Cuántas veces quisiera el enemigo de las almas que pensáramos que el don o talento que tenemos no es para nosotros y que por eso es que no está funcionando?**

La primera de esas piedras la he titulado: "No era para mí". Recuerdo que cuando estaba en la escuela de medicina, sufrí muchos altibajos en mi estado emocional. En ocasiones dudé de mi potencial para llegar a ser médico. Pero de todas esas ocasiones la más vívida, y que se encuentra en los archivos de mi mente, fue cuando me enfrenté por primera vez a un cadáver. Recuerdo que era el de una anciana, por lo que pensé rápidamente en mi abuelita.

En ese momento, como estaba delante de mis compañeros y maestros, me esforcé para evitar que notaran el malestar que aquello me produjo. En forma sutil, pero ligera, me fui de ese lugar. Llegué a la parte posterior del hospital que daba hacia un río. Cuando noté que estaba a solas, me dieron náuseas y vomité. Comencé a temblar, creí que no podría tolerar volver a ver un cadáver en mi vida. Mi mente comenzó a decirme que la carrera de medicina no era para mí y lo triste del caso es que ya me lo estaba creyendo. Creía que era el único que estaba en ese "bote". Qué sorpresa me llevé cuando descubrí que había otros con los mismos síntomas; y no era que había un virus en el ambiente.

¿Cuántas veces quisiera el enemigo de las almas que pensáramos que el don o talento que tenemos no es para nosotros y que por eso es que no está funcionando? ¿Cuántos predicadores han desistido de su llamado, han enterrado esa habilidad preciosa que Dios les da, porque creen que su predicación no está funcionando y le colocan una piedra frente a la tumba que dice: "No era para mí"? Es imperante entender que cuando Dios nos da un don o talento es porque lo ha decidido así. El problema reside en que es más fácil decir: "Esto no era para mí", que decidirse a alimentarlo y a usarlo para que seamos diestros con el don que nos da Jehová.

David estaba seguro de que uno de los talentos que había recibido de Dios era la honda. Por eso practicaba continuamente con ella. La usaba para proteger las ovejas de su padre de cualquier fiera que viniese a destruirlas. Así mismo los dones que Dios nos da son para la edificación del cuerpo de Cristo, para que cuando el enemigo venga en contra de nosotros, los usemos con la unción del Espíritu Santo y resistamos al diablo. Se nos olvida que está escrito: "Pero cada uno tiene su propio don de Dios..." Es tiempo de dejarle claro al enemigo de las almas que tú y yo no vamos a enterrar nuestros dones, pensando que no eran para nosotros. Es tiempo de que caminemos en fe, entendiendo que si Dios nos dio un don, no le permitamos a nadie (en particular a nosotros mismos), decir que no era para nosotros.

De vuelta a lo de mi experiencia con los cadáveres, pienso que pude haber desistido de ser médico, sin embargo lo que sucedió fue que como me mantuve firme, entendiendo que ese era mi llamado, no solo terminé la carrera de medicina, sino que durante seis semestres fui maestro de laboratorio, de anatomía. Entonces era yo el que les enseñaba a los nuevos estudiantes sobre el cuerpo humano. Podía, además, utilizar mi experiencia para ayudar a aquellos que como yo tuvieron que salir aprisa del laboratorio de anatomía en su primer día.

La segunda piedra que ponemos frente a la tumba donde enterramos nuestros dones y talentos es la que etiquetamos así: "El qué dirán los demás". Como somos entes sociales, permitimos que las opiniones de los demás rijan nuestras vidas. "No voy a cantar, porque se van a reír de mí", "No voy a solicitar la entrada a Harvard, porque se van a mofar de mí". Estoy seguro que tienes una que otra historia como esas.

Como somos entes sociales, permitimos que las opiniones de los demás rijan nuestras vidas.

Recuerdo que un familiar mío me dijo que yo nunca llegaría a ser médico. Pero si triste es que tú y yo enterremos nuestros planes por el qué dirán los demás, más triste es que Dios nos dé un don, un talento, un llamado, una encomienda, y no lo usemos porque los portadores del "negativismo" nos visitan y nos convencen. Como no lo utilizamos, nos parece que está muerto y lo enterramos, colocándole la piedra "qué dirán los demás", frente a la tumba.

Eso le sucedió a Nehemías. Todos recordamos que él tenía un alto puesto en la corte del rey. Dice la Palabra que servía de copero al rey. El copero tenía la responsabilidad de escoger el vino que el monarca iba a tomar, y lo tenía que probar para asegurarse de que no estaba envenenado. Ahora bien, las funciones de un copero no se limitaban a probar el vino. Le ofrecía, además, compañía al rey. Era su consejero informal y, por tanto, disfrutaba de la confianza del gobernante. Dios había orquestado todo ese andamiaje para utilizarlo en el momento en que su pueblo lo necesitara.

Dios puso la gracia, el llamado, el talento en Nehemías para que fuese utilizado en el tiempo y lugar que había escogido. No vamos a entrar en detalles en cuanto a la interacción entre Nehemías y el rey persa, Artajerjes. Lo que deseo que observemos es el hecho de que Dios había determinado, desde la eternidad pasada, que un rey persa le diera permiso a su copero para que fuese a Jerusalén y edificara el muro de la ciudad. Cuando Dios te llama, te provee las herramientas y te guía todo el camino.

Veamos ahora la piedra que quería detener la obra de Dios a través de Nehemías. En el cuarto capítulo de su libro, leemos que cuando Sanbalat y Tobías se enteraron de los planes que tenían los judíos con relación a reedificar el muro de Jerusalén, se enojaron, se enfurecieron y, acto seguido, intentaron poner la piedra del "negativismo".

Esa es la famosa piedra que usan algunas personas para tratar de detener las obra de Dios. Sanbalat y Tobías comen-

Cuando Dios te llama, te provee las herramientas y te guía todo el camino.

zaron con una campaña dirigida a destruir un sueño, una visión, una encomienda. Empezaron a decir cosas tales como: "¿Qué hacen estos débiles judíos? ¿Se les permitirá volver a ofrecer sus sacrificios? ¿Acabarán en un día? ¿Resucitarán de los montones del polvo las piedras que fueron quemadas?" (Nehemías 4:2).

¿Cuántas veces tú y yo hemos salido de un culto, de un retiro, de una convención o de un rato de oración, y hemos recibido una encomienda, un don, un talento y un llamado, de nuestro Señor? Vamos caminando en "fuego", en las llamas del Espíritu Santo. Estamos seguros de lo que desea Dios, y decidimos que no hay "diablo" que nos detenga, pero de repente y sin esperarlo, se aparece en nuestro horizonte un "Sanbalat", un "Tobías".

Esas son las personas que el enemigo ha preparado para entregarte la "piedra" del negativismo, para que entierres tu don y tu llamado. Para que coloques la piedra que concluya lo que Dios ordenó. No está muerto, pero como les hemos creído a los portavoces del negativismo, enterramos lo que Dios nos ha dado.

El enemigo de las almas es astuto. En la mayoría de los casos utiliza personas importantes en nuestras vidas para que sirvan de "Sanbalat". Imagínate, querido lector, que vayas caminando por la acera, conversando con un hermano de tu iglesia acerca de la encomienda que acabas de recibir de tu Señor. Estás gozoso porque Dios te dijo que iba a usarte para orar por los enfermos y que ibas a ver muchas sanidades y milagros.

Ahora imaginémonos que yo me encontraba cerca de ti y que alcancé a escuchar tu conversación. Es posible que te diga: "Es imposible que un enfermo se cure después que ores por él, porque no eres ministro ni siquiera estudiante de instituto". Como no sabes quién soy, lo más que puede suceder es que te rías y pienses que estoy loco. Sin embargo, si el portavoz del comentario es un familiar, un amigo o un hermano de la iglesia, entonces puede producir el efecto que el diablo está buscando.

Yo viví esa experiencia. Cuando Dios me llamó al ministerio, hubo cierto hermano que como "Tobías" trató de detenerme, diciendo entre otras cosas: "Eso no es de Dios". Llegó como portavoz del negativismo, trató de detener lo que mi Señor me había entregado. Pero le doy gloria a Dios que me dio la certeza de entender quién me había llamado. Además, me dio unos hermanos, un pastor y una hermosa ayuda idónea que me respaldaron y que con mucho amor sirvieron de portavoces de Dios para decirme: "Soy yo el que llamo y el que te envío". Pude haber dejado de predicar, creer que el llamado estaba muerto y, por tanto, enterrarlo, poniéndole la piedra del "qué dirán los demás".

Ahora bien, esta porción del libro la estoy escribiendo en Barranquitas, Puerto Rico, en un campamento de jóvenes. Al observar lo que Dios está haciendo a través del ministerio que ha puesto en mis manos: al ver a 16 jóvenes recibir a Cristo en la primera noche; al ver a un joven ser liberado; al ver a otro entregarme un cigarrillo de marihuana; al ver la restauración de mi Señor en tantos de ellos, mis ojos se llenan de lágrimas y nuevamente le doy gracias a mi Dios porque no permitió que le hiciera caso al "Sanbalat" que se me apareció temprano en mi caminar. Y que, al igual que

Lo que el enemigo de las almas no desea es que recibas la bendición de la victoria que te pertenece.

Nehemías, no impidió que yo siguiera avanzando con la encomienda separada para mí desde la eternidad pasada.

Te digo amado, es posible que Dios te haya enviado a reconstruir las "murallas" alrededor de tu hijo, tu cónyuge, un amigo u otro ser querido. Es probable que te encontraras a un "Sanbalat", o un "Tobías", y que hayan tratado de impedir que hagas lo que Dios te ha ordenado y de hacerte creer que no levantarás la muralla de "piedras quemadas". Es tiempo de que te levantes, quites esa piedra y comiences a hacer lo que debes con el llamado, la encomienda o los dones que Dios te ha dado. Lo que el enemigo de las almas no desea es que recibas la bendición de la victoria que te pertenece.

La tercera piedra que el enemigo utiliza en forma muy eficaz, especialmente con los jóvenes, es la que he titulado: "Ya fallé". Recibimos unos talentos, dones, encomiendas de parte de Dios y, por el hecho de que fallamos en un momento dado, el diablo comienza la campaña de la culpabilidad en nuestras mentes. Eso hace que no utilicemos nuestros dones; que parezcan que están muertos; y, por tanto, los enterramos y le ponemos una piedra frente a su tumba; la piedra denominada "Ya fallé".

Recuerdo un incidente en el cual un joven que yo había escogido para que cantara una parte en un breve drama, se me acercó el día de la actividad y me dijo, con los ojos llenos de lágrimas, que no podía participar en la representación porque no lo merecía, porque había fallado.

Recuerdo que estábamos en medio del santuario, en plena preparación del drama y me dijo que había fornicado y que por eso no podía participar. En aquel momento enterró su talento y le colocó la piedra del "ya fallé" frente a la tumba. Mi primera reacción y mis palabras fueron de agradecimiento por su sinceridad, ya que era mejor que dejara el drama a que subiera al altar cuando estaba pasando por lo que me había contado. Así que me dije a mí mismo: "Ah, si todos fuéramos tan valientes como este joven que prefirió ser sincero, aunque no pudiera participar en el drama".

Continué con los ensayos, pero el joven seguía en mi mente, así que decidí ir a ministrarle, orar con él, llorar con él, abrazarlo. Porque en ese momento, pensé, es cuando más necesita de su hermano. Lo llevé a uno de los salones de consejería y, después de orar con él, comenzamos a hablar de lo que había sucedido. Sin embargo, me intrigaba que durante las últimas semanas él había pasado mucho tiempo conmigo, por lo que trataba de calcular cuándo fue que fornicó, pero no tenía respuesta a mi inquietud.

Para no quedarme con la duda, le pregunté. Qué sorpresa tan grande me llevé cuando el joven me dijo, llorando, que fue con una joven de la congregación. Al principio, cuando mencionó el nombre, no caí en cuenta; pero luego se me encendió la "bombilla" y recordé que esa joven llevaba un año fuera del país. Él continuó llorando y me dijo que le había pedido perdón a Dios y que creía que lo había perdonado. Sin embargo, desde la noche anterior al ensayo estaba pensando en lo bajo que era por haber caído en fornicación y se dijo a sí mismo: "No merezco participar en el drama, no merezco echar a perder tanto esfuerzo de todos mis hermanos, mejor me quito del medio".

Aquello me conmovió, aunque a la misma vez me enojé un poco con el que estaba jugando con uno de mis jóvenes, "el padre de mentiras". Me acerqué al joven, lo abracé, le besé la frente y abrí la Biblia. Amado lector, es posible que seas líder, pastor, consejero de jóvenes en tu iglesia, o que tengas un joven por hijo biológico o espiritual. Algo que aprendí, y que me ha dado gran resultado en la dirección y enseñanza de los jóvenes es permitir que la Palabra de Dios sea la que les corrija.

No podemos permitirle al enemigo de las almas que venga a recordarnos cosas que ya Dios nos ha perdonado.

En el caso de ese joven, abrí la Biblia en el Salmo 103:12, y le dije: "Fíjate que escrito está: Cuanto está lejos el oriente del occidente, hizo alejar de nosotros nuestras rebeliones". Luego lo llevé a Miqueas 7:19 donde el profeta escribe: "Él volverá a tener misericordia de nosotros; sepultará nuestras iniquidades, y echará en lo profundo del mar TODOS nuestros pecados". Lo que aparentemente sucedió fue que mi amado hijo en la fe, se convirtió en "buzo" y se zambulló en las profundidades del mar para "pescar" lo que Dios había desechado. Recuperó el pecado que había cometido hacía más de un año y lo utilizó como piedra para sellar la tumba de su talento y su don.

No podemos permitirle al enemigo de las almas que venga a recordarnos cosas que **ya Dios nos ha perdonado**, pecados que ahora están bajo la sangre preciosa del Cordero de Dios. Nuestro Dios no hace acepción de persona, si perdonó a David, a Salomón y al apóstol Pedro, ¿por qué no te va a perdonar a ti? Voy un poco más allá. Jehová te perdona, te restaura y continúa utilizándote con todos tus dones y talentos para la gloria de su nombre.

Es posible que te encuentres con alguien que te diga: "Dios te perdona, pero...", "NINGÚN PERO", no recibas nada menos que la restauración plena y total de Dios.

Analicemos este punto con mayor detenimiento, porque he encontrado hermanos "sentados", sin dejarse usar por el Señor, puesto que reciben la restauración a medias. Me explico, creen que Dios los perdona, pero no pueden creer que los quiera utilizar como los usaba antes. No importa el pecado que hayas cometido, solo hay un pecado que dice la Palabra es imperdonable, y es la blasfemia contra el Espíritu Santo.

Pero veamos tu situación a la luz de la Palabra de Dios. Deseo que medites en la siguiente lista y veas si has cometido alguno de los siguientes pecados: "levantar altares a dioses falsos", "hacer imágenes a esos dioses", "adorar y rendir culto a todo el ejército de los cielos", "levantar algunos de esos altares en la misma casa de Dios", "sacrificado a tu hijo al dios Moloc", "predecir el futuro", "consultar a las estrellas, a los adivinos y a los encantadores ", "extraviar a uno de los pequeños de Jehová", "comportarse peor que aquellas naciones, las cuales Jehová destruyó por ser su enemigo", "derramar sangre inocente de tal manera que hayas llenado la ciudad de extremo a extremo". Además de todos esos pecados, cuando Dios te habla para que cambies, ¿lo has ignorado?

Los pecados que he presentado son un ejemplo de cómo vivía el rey Manasés, el decimocuarto rey de Judá, hijo de Ezequías. Manasés, puede considerarse el más perverso de los reyes de Judá. Imperó cerca de 55 años "e hizo lo malo ante los ojos de Jehová".

Amado lector, honradamente dudo mucho que te encuentres en compañía de personas como Manasés, en cuanto al pecado se refiere.

Ahora bien, yo no traigo esta historia a colación para hablar de pecado, sino para que realmente conozcamos la misericordia y absoluta restauración de nuestro Dios. Lee 2 Crónicas 33:12-13: *"Mas luego que fue puesto en angustia, oró a Jehová su Dios, humillado grandemente en la presencia del Dios de sus padres. Y habiendo orado a él, fue atendido; pues Dios oyó su oración y LO RESTAURÓ A JERUSALÉN, A SU REINO. Entonces reconoció Manasés que Jehová era Dios".*

Yo no sé tú, amado hermano, pero cuando leo verdades como esta en la Biblia, sale de lo más profundo de mi ser un ¡gloria a Dios! Genuino. ¡Y un aleluya! Qué amor tan inmenso, qué ejemplo tan profundo de perdón, y restauración. Solo nuestro Dios puede orquestar algo de tal dimensión, tanto que no puede ser entendido por el mundo en que vivimos y hasta, lamentablemente, por algunos hermanos en la fe.

Así que, querido lector, no sé qué falta o pecado has cometido, si acudiste a tu "Abogado", a "Jesucristo el Justo". Si ya te reportaste ante Él, entonces no tienes que temer. En cuanto Dios te restaure, volverá a ponerte sobre "el reino", o el ministerio, o la encomienda que te dio. Por eso no le podemos hacer caso al enemigo de las almas cuando venga a recordarnos nuestro pasado, para que enterremos los dones y talentos que Dios nos ha dado de manera que le pongamos la piedra del "YA FALLÉ" para cerrar la tumba.

Solo he mencionado unas pocas de las tantas "piedras"

que utilizamos para sellar la tumba donde enterramos lo que hemos declarado muerto, aunque Dios lo ve con "vida". En el capítulo anterior mencionamos la porción bíblica que narra la muerte de Lázaro. Observamos cómo los amigos de la familia y las hermanas del difunto decidieron declararlo muerto, lo enterraron y le colocaron una piedra para sellar la tumba.

Aunque hayas enterrado tu don y tu talento, Él puede volverlo a la "vida".

Lo enterraron porque su entendimiento de lo que estaba pasando llegaba hasta lo que era regido por las leyes naturales. Sin embargo, Jesús había declarado que la enfermedad no era para muerte, sino para que Dios se glorificara.

Luego de que lo enterraran, entró en la escena de la tragedia —que se suscitó en Betania—, el único que podía aclarar y arreglar todo lo malo, llegó Jesús. Qué hermoso es saber que el Maestro nunca llega tarde. Aunque hayas enterrado tu don y tu talento, Él puede volverlo a la "vida". Lo que tenemos que hacer es seguir sus instrucciones. Lo primero que Él hace cuando llega a Betania es dar una directriz certera, pero en total desacuerdo con lo establecido por las leyes naturales, sociales y sanitarias. Jesús ordenó que QUITARAN LA PIEDRA. Algunos discutieron con Él utilizando la lógica. "Dijo Jesús: Quitad la piedra. Marta, la hermana del que había muerto, le dijo: Señor, hiede ya, porque es de cuatro días" (Juan 11:39).

¿Cuántas veces hemos argumentado con el Señor, porque comenzamos a ponernos los sombreros de "analistas", pero el problema es que analizamos según la lógica humana? Esa lógica nos declara que nuestros talentos y dones son inservibles y que, por ende, hay que dejarlos enterrados. Sin embargo, la lógica de Jesús dice: "QUITA LA PIEDRA, YO SOY LA RESURRECCIÓN". El Señor quiere enseñarte que tu don no está muerto, solo tienes que confiar en Él y verás su gloria nuevamente, a través del ministerio que ha depositado en tus manos.

Creando nuevas inquietudes...

- ¿Has hecho una lista de los talentos, dones y llamados que has recibido del Señor? ¿Cuáles has enterrado?

- ¿Cuántas veces Dios te ha usado con un talento que creías que ya no estaba funcionando? ¿Has meditado en esos eventos? ¿A qué conclusiones has llegado?

- ¿Cuántas veces te has dicho, o has permitido que otros te digan, que el don o talento que ha estado funcionando a través de ti no era para ti?

- ¿Qué puedes hacer con los "Sanbalat" y los "Tobías" que se te presentan? ¿Cuánta importancia les das a sus directrices?

- ¿Cómo te afecta la culpabilidad por pecados o comportamientos pasados? ¿Es posible que no comprendas el perdón de Dios? ¿Será que estás permitiendo que la opinión de otras personas sobre el perdón tenga más poder que la Palabra de Dios?

Un toque final...

Recuerda: No permitas a nadie, ni siquiera a ti mismo, colocar una piedra frente a la tumba donde enterraste el don que Dios puso en tus manos. Jesús te dirá, como a Marta: "Quitad la piedra... ¿No te he dicho que si crees, verás la gloria de Dios?" (Juan 11:39-40). Es tiempo de creer, quitar la piedra y ver Su gloria nuevamente en nuestros talentos.

Capítulo

6

Préstame tu vasija

Hay un refrán que dice: "Dime con quién andas y te diré quién eres". Qué hermoso es saber que —dado que tú y yo estamos unidos y de acuerdo— el mundo nos mira y lo único que puede decirnos es: "La novia del Cordero".

Hace un tiempo, mi isla fue azotada por un devastador huracán. El funesto "Georges" entró con vientos superiores a los 160 kilómetros por hora. En su curso atravesó la isla de un lado al otro. A Caguas, hermoso valle que me vio crecer, el no muy bienvenido visitante enseñó su rostro como a eso de las 8:00 de la noche. Fueron más de diez horas de tortura desde que entró por la parte sureste del valle. Es verdad que al principio había un poco de expectativa y queríamos verlo venir pero, cuando llegó, rogábamos que desapareciera. El "ojo" del huracán pasó por Caguas, y pudimos experimentar la famosa calma del llamado "ojo" de un huracán.

Al día siguiente manejé por la ciudad y pude ver la devastación. Fue tal, que el Presidente de los Estados Unidos declaró a Puerto Rico zona de desastre, aun antes de que el

Cuando un pueblo se une en ese compartir, sin divisiones políticas ni partidistas, sin fijarse en las diferencias de cada cual, el alma se refresca.

huracán saliera de la isla. Ese evento de la naturaleza nos recordó de forma muy clara, que no importan los adelantos de nuestra era, solo un amoroso Dios puede cuidarnos en medio de las tormentas. Con todo y eso el hombre va a encontrar excusas "lógicas" para no darle la gloria al Señor por su protección.

En mi casa lo único que sucedió fue que se llenó de agua la terraza y que nos quedamos sin agua, electricidad y cable por casi una semana. Una vecina, a la que quiero mucho, doña Olga, bromeaba conmigo porque era rara la vez que yo me sentaba en su balcón para hablar con ella pero, en esa semana, casi me mudo para su casa. Es increíble ver cómo un hecho de la naturaleza sirvió para que los vecinos pasáramos más tiempo compartiendo y menos frente a un televisor o de compras en los centros comerciales.

Esa primera noche los vecinos hicieron una barbacoa o asado y compartieron las chuletas que tenían en una casa con el arroz que tenían en otra, el bistec de otra y así; todo lo que podía dañarse por falta de electricidad, se sacrificó en aquella parrilla y nos las comimos. Hubo un tiempo de koinonía entre los vecinos. Comenzamos a disfrutar, no solo de la rica comida física, sino que además alimentamos el "alma", porque cuando un pueblo se une en ese compartir, sin divisiones políticas ni partidistas, sin fijarse en las diferencias de cada cual, el alma se refresca. Eso sucede en el mundo espiritual, no en el secular, por eso es que es tan cierto lo que el salmista declara en el libro de los Salmos, capítulo 133:1: "Mirad cuán bueno y cuán delicioso es, habitar los hermanos juntos en armonía". Si entre amigos hay gozo para el alma, imagínate qué refrescante y glorioso es cuando esa convivencia es entre los hijos de Jehová. Esas siete noches me llevaron a mi niñez y a mi adolescencia. Aunque nací en la ciudad de Nueva York, a la edad de 7 años mis padres tomaron la sabia decisión de mudarnos a Puerto Rico. De todas las memorias hermosas de mi vida, una de las que caló más profundo fue el amor y el compañerismo de los vecinos. Mi adolescencia la viví en una urbanización llamada "Bonneville Terrace". Éramos un grupo de más de 50 jóvenes creciendo en ese conglomerado de unas 100 casas. Compartíamos todo, los juguetes, el equipo deportivo, las ropas, la comida, la tristeza, la risa y hasta los castigos, porque como éramos tan unidos no solo teníamos a nuestros padres para regañarnos y corregirnos, sino que cogíamos un "jalón" de oreja de cualquiera de los padres del vecindario. ¡Qué koinonía!

Así es amado, cuando le llegaba una tormenta a alguno de los vecinos, todos nos prestábamos las "vasijas" para ayudarnos y no permitir que la situación nos amedrentara. Eso me lleva al próximo principio bíblico que encontramos en la historia que estamos utilizando para aprender de Dios a lidiar con las situaciones que nos quieren amedrentar. Lee 2 Reyes 4:3: "Él le dijo: Ve y pide para ti vasijas prestadas de todos tus vecinos". Dios desea que entiendas que ha puesto otras "vasijas" cerca de ti para que, en tiempos de tempestad, seamos solidarios y nos prestemos nuestras vasijas.

Tenemos que entender que al llegar a los pies de Cristo y

No es dinero, intelecto, habilidades, ni siquiera el ministerio que Dios nos ha puesto en las manos. Lo único que pudre el yugo es la unción de Dios.

ser nuevas criaturas, somos llenos del Espíritu Santo. Dice la Palabra que somos su templo, y que Él habita en nosotros. Nos convertimos en vasos poderosos porque estamos llenos de Él. Cada uno de los que hemos nacido de nuevo tiene ese privilegio, esa hermosa dádiva, la cual necesitamos en nuestro diario peregrinaje por este mundo en el que vivimos. El vaso que somos tú y yo está lleno de la unción del Espíritu Santo. Esta unción es la que pudre el yugo. No es dinero, intelecto, habilidades, ni siquiera el ministerio que Dios nos ha puesto en las manos. Lo único que pudre el yugo es la unción de Dios.

Si entendemos este principio bíblico, debemos añadirlo a otra promesa que nos da la Palabra, cuando dice que lo que dos de nosotros acordemos para pedirle al Padre, Él nos lo dará. Aparentemente la iglesia primitiva, aunque no tenía nuestros adelantos, ni la comodidad de nuestros templos, ni siquiera la facilidad de obtener un documento escrito acerca del evangelio de nuestro Señor, logró entender la importancia de la "koinonía" del cuerpo de Cristo.

Cuando uno lee el libro de Hechos, y en especial si tenemos una imaginación vívida, podemos transportarnos a aquellos primeros años y aprender cómo vivían los primeros hermanos en la fe, los del "nuevo camino" como se les conocía. Si pudiéramos montarnos en las alas de la imaginación, veríamos a un grupo de 120 personas, no muy distintas a ti y a mí, que se encontraban unidos y compenetrados en un lugar que posiblemente habían alquilado o tomado prestado. Su líder, Maestro y Creador del nuevo sistema de vivir, se había marchado. Aunque muchos otros se beneficiaron con los milagros de Jesús y más de 500 lo vieron luego de ser resucitado, solo quedaron 120 que lo único que tenían era el compañerismo, la koinonía mutua.

Si estuviésemos parados en el aposento alto, veríamos a los 120 orando, cantando coros, hablando y hasta escucharíamos la algarabía proveniente de las calles de Jerusalén, ya que por ser la fiesta de Pentecostés o de las siete semanas, había judíos de varios países que se embarcaron en una travesía ardua para participar de tal celebración. Esos festejos se extendían desde la fiesta de los primeros frutos, —que fue el día en que nuestro Señor resucitó— hasta la fiesta de Pentecostés.

Ahí se encontraban los discípulos, en medio de los judíos que vivían en Jerusalén, así como de hermanos judíos que provenían de otras partes. Por ende, ahora tendrían más contiendas y un número mayor de personas que iban a tratar de hacerles la vida difícil, ya que ellos —"los del nuevo camino"— estaban respaldando algo contrario a lo que por tantos años les fue enseñado. Para que el antagonismo de los que estaban fuera del aposento alto fuese mayor, la fiesta de Pentecostés ocurrió el día en que conmemoraban el recibimiento de los mandamientos que Jehová le dio a Moisés. Así que ese día los judíos veían a ese grupo de rebeldes y herejes, que seguían otro camino y no el que mantenía el estricto cumplimiento de la ley mosaica.

En medio de esa multitud antagónica, lo que le quedaba a los 120 era unirse, estar en comunión, en un cuerpo, en el Cuerpo de Cristo. Por ejemplo, es fácil entender que si tiramos un grano de arena en medio de un lago casi no veremos qué hace, los resultados son casi intangibles; pero cuando lanzamos muchos granitos de arena compactados por el tiempo, en medio del lago se produce un oleaje, por lo que se nota el cambio. Es como si la "roca" dijera: "Aquí estoy". Eso es lo que sucede cuando estamos en un solo sentir, producimos cambios, y esos cambios son positivos y cristocéntricos ya que la cabeza del cuerpo que tú y yo formamos se llama Jesús.

Ellos habían entendido que en el medio de tanta adversidad y persecución lo único que les ayudaba era el apoyo de cada uno.

Tras el derramamiento del Espíritu Santo, los 120 bajaron como un solo misil espiritual y produjeron cambios entre los millares de judíos que habían llegado para caminar conforme a la ley de Moisés. Muchos de esos judíos iban a encontrarse con el que vino a cumplir la ley y no a abrogarla. Participar en esa koinonía fue lo que produjo una iglesia próspera, una iglesia que iba a atravesar barreras de tiempo y espacio, al punto que en el momento en que entramos al siglo 21, hay millones y millones, y continúa creciendo en lugares tan inhóspitos para el evangelio, como la China.

Esa convivencia fue la que permitió que las iglesias que plantó Pablo en la región de Galacia, sobrevivieran. Pablo solo estuvo unos meses con cada una de esas iglesias. Se tuvo que ir, mejor dicho lo hicieron irse, y no había dejado un edificio, un pastor, un líder. La única copia que había de las Sagradas Escrituras era la que estaba en alguna sinagoga judía. La razón primordial para que las iglesias en Galacia se mantuvieran, crecieran, y dieran "hijos" tal como Timoteo, fue la koinonía del pueblo. Ellos habían entendido que en el medio de tanta adversidad y persecución lo único que les ayudaba era el apoyo de cada uno.

Basado en ese principio es que florecen las gangas, los equipos de deportes vencen, los ejércitos triunfan en las distintas batallas. Es tiempo que el pueblo de Dios comience a caminar TODOS acordes, entendiendo que Jehová se agrada de la koinonía de su iglesia. En el momento en que entendamos realmente que en el cielo no van a existir concilios, ni organizaciones religiosas, ni grupos específicos, sino UNA sola iglesia, un solo cuerpo, una sola "novia" del Cordero, lograremos cosas aun mayores que las que hemos adquirido para el avance del reino.

Ahora bien, para que haya esa unidad debemos tener en cuenta los dardos que utiliza el "enemigo" para producir división. Con todo eso dicho, lo que te queda es decirle a tu hermano en Cristo: "PRÉSTAME TU VASIJA".

Creando nuevas inquietudes...

- ¿Qué piensas en cuanto a esas nuevas ideas que sugieren "asistir a la iglesia" a través de Internet? ¿Cómo puedes ayudar a algún hermano o hermana que se ha dejado convencer por esos "nuevos movimientos"?
- ¿Cuántas veces has ido a la iglesia y Dios ha utilizado a un hermano para que te ministre y has salido de allí con renovadas fuerzas?
- ¿Qué significa la palabra "koinonía"?
- ¿Cuándo fue la última vez que llamaste a algún hermano o hermana en la fe para "pedirle prestada su vasija"?
- ¿Cuántas veces intercedes en oración por las distintas organizaciones cristianas para que no den lugar a la vana contienda y a los dimes y diretes?

un toque final...

Recuerda: El diablo siempre está buscando cómo dividir el cuerpo de Cristo. Tú y yo somos los enviados a mantener esta unidad para que el mundo vea que somos uno en nuestro Señor y Salvador.

Capítulo

7

No detengas la "bendición"

Escrito está: "Mi Dios, pues, suplirá todo lo que os falta conforme a sus riquezas en gloria en Cristo Jesús". Por ende, nunca debemos limitar las bendiciones que nuestro Señor ha separado para nosotros. Él desea que tú y yo seamos victoriosos y vivamos en Su plenitud.

Esta es una historia que cualquier jovencita de 18 años me pudo haber contado. Lo que les describo a continuación es una experiencia y una enseñanza a través de los ojos de esta joven a la que vamos a llamar Marilia.

Eran las seis de la mañana cuando el famoso gallo me despertó. De todas las veces que he escuchado esa alarma, esa mañana le di gracias a Dios porque desperté a tiempo. Era un día muy especial y tenía que prepararme con prisa ya que no quería llegar tarde a la competencia para la cual me había estado preparando por tantos años. Había llegado el momento en que iba a correr por primera vez en un maratón y esperaba llegar en una buena posición.

Al salir de mi casa me quedé observado el horizonte, las nubes, los árboles y el resto de las bellezas que se ven desde mi balcón. Nosotros vivimos en una loma y nos rodea la creación preparada por las manos de Jehová. Todo es tranquilo y se respira aire puro. El único problema es que no tenemos vecinos. Don José es la persona que vive más cerca de nosotros y está como a tres kilómetros de distancia en el valle que está justamente debajo de la loma en que se encuentra nuestra casa.

Cuando vivíamos en la ciudad, esta era más congestionada, más ruidosa, había menos aire fresco, pero si teníamos algún problema, los vecinos estaban cerca y prestos para ayudar. Si necesitábamos café, la vecina nos daba; si nos enfermábamos, el doctor vivía en la esquina; si se dañaba el carro, mi primo era mecánico y vivía cuatro casas de la mía.

No quiero que me malinterpreten, las personas que viven en el área que ahora vivimos son igual de amorosos y serviciales. Ellos también harían lo necesario para suplir una necesidad que tuviésemos. El problema es la distancia entre casas y la escasez de vecinos. Verdaderamente necesitamos ser tremendos maratonistas para poder subir y bajar por esas lomas.

Pero regresemos a esa mañana. Yo estaba lista y preparada para la carrera. Que sorpresa me llevé cuando traté de echar mi auto a andar y no pude encenderlo. Traté con todo lo que sabía de mecánica, que no era mucho, y el auto no hacía ruido alguno. Ya te puedes imaginar lo ansiosa y enojada que me encontraba. Para echarle "sal a la herida" salió de la casa la persona más negativa que he conocido: mi hermanita, que a los 15 años se cree la más sabia del mundo.

Comenzó a decirme que yo no sabía hacer nada y que por culpa mía íbamos a llegar tarde a la competencia. No creas que su interés era que yo llegara a tiempo o ver a su hermana competir. A ella lo único que le interesaba era ir al maratón para ver a Ernesto, un joven de su escuela que iba a competir y de quien estaba locamente enamorada. Ella hubiese corrido hasta el lugar de la competencia. Yo creo que la única razón por la cual no se fue caminando fue porque su pelo se iba a alborotar con el viento de la calle y Dios libre si no llegaba perfectamente hermosa para que Ernesto la viera.

Luego de discutir un rato le dije que me acompañara a la casa de don José, porque no había más nadie que nos pudiera ayudar en aquel momento. Refunfuñando, accedió a ir conmigo y a caminar los tres kilómetros para poder arreglar nuestro problema y así ir al maratón. Bueno, al maratón para mí, y a Ernesto para ella.

Al llegar a la casa de don José noté que él estaba sentado en el balcón. Don José llevaba varios años en silla de rueda a causa de un accidente automovilístico pero era una persona dadivosa y un gran vecino. También era el único que nos podía "salvar" en aquel momento de necesidad. Le expliqué la situación y comenzó a decirme que era posible que la batería se hubiera agotado. Me dijo que podía tomar prestada una que tenía en su hogar. No dejé que siguiera hablando y con un gracias en mis labios salimos corriendo con la batería que nos facilitó. La solución estaba con nosotras y no necesitaríamos nada más.

Al ir caminando mi hermana me dijo: "Parece que don José nos quería decir algo más, pero no lo dejaste terminar". Yo le dije que ya estábamos supertarde y que lo más seguro era que nos quisiera dar la bendición, ya que es un hombre muy cristiano. Continué diciendo que ya teníamos lo que necesitábamos y que lo que teníamos que hacer era llegar lo antes posible al auto para irnos al maratón. Reflexionando en eso pienso que debí haber escuchado con más detenimiento lo que don José quería decirnos.

Llegamos a la casa y cambie la batería de prisa, cerré la casa, nos montamos en el auto y nos pusimos los cinturones de seguridad. Pero qué tristeza y sorpresa nos llevamos cuando al intentar encender el auto, este continuó sin responder. Mi tristeza era porque no iba a poder llegar al lugar para el cual me había estado preparando por tanto tiempo. Y la sorpresa fue porque estaba segura que con poner la batería que don José nos había prestado el problema iba a ser resuelto y que no necesitaría ninguna otra ayuda.

Mi hermana entró a la casa muy enojada conmigo. Tuve que regresar sola a la casa de don José. Al llegar a su hogar, él notó la tristeza en mi rostro y las lágrimas que bajaban por mis mejillas. Le expliqué lo que había sucedido y le dije que ya era muy tarde para poder ir al maratón, pero le quería devolver la batería y dar las gracias por su ayuda. Él me dijo: "Marilia, no permitiste que verdaderamente te ayudara. Saliste corriendo con la batería y no me dejaste explicar las otras posibilidades y otras cosas que necesitabas de mí para poder conquistar tu situación. Yo te estaba llamado pero, aparentemente, no me escuchabas. Quería decirte cómo tenías que revisar los cables de la batería y cómo limpiarlos, ya que unas veces están sueltos y otras están tan sucios que no hacen buen contacto. Quería prestarte otras herramientas que, posiblemente, ibas a necesitar para echar el auto a andar".

Aunque ya era tarde regresé a mi hogar con las instrucciones y las herramientas que don José me había facilitado. Luego de hacer lo que me sugirió, pude echar el auto a andar. Qué pena. Fui muy tonta y no esperé por todo lo que don José me quería ofrecer la primera vez. Hubiese arreglado mi problema y llegado a tiempo para competir en el maratón. Bueno que me pase, por limitar lo que otros quieren y pueden hacer por mí. La única persona que se puso contenta fue mi hermanita. Salió corriendo de la casa al escuchar el auto encendido y, sin importarle más nada, subió al auto, demandando que nos fuéramos al maratón para estar en la meta y aplaudir a Ernesto cuando cruzara.

Cuántas veces hemos pasado, tú y yo, por una situación similar a la de Marilia. Limitamos las ayudas que podemos o debemos recibir para lidiar con una situación que nos está amedrentando. La situación permanece en nuestro horizonte y nos preguntamos por qué fallamos. En ocasiones culpa-

Limitamos las ayudas que podemos o debemos recibir para lidiar con una situación que nos está amedrentando.

mos a nuestro Dios.

Fíjate, amado lector. En la historia de Eliseo que leímos en el capítulo 4 del segundo libro de Reyes, el profeta le dijo a la mujer: "Declárame que tienes en casa", y ella le respondió: "Tu sierva ninguna cosa tiene en casa, sino una vasija de aceite". El profeta le indicó que buscara vasijas prestadas. Y enfatizó: "NO POCAS". Es posible que Eliseo supiera que a veces limitamos a Dios cuando nos da sus bendiciones y él no quería que la mujer de la historia limitara lo que iba a necesitar para no dejarse amedrentar en la situación en que se encontraba.

En todas las áreas de nuestra vida, en especial en la guerra espiritual, es importante permitirle a Dios que nos dé todas las armas que Él sabe que vamos a necesitar en un momento dado. En otra porción bíblica vemos esa enseñanza con más claridad. Eliseo estaba enfermo y el rey Joás fue a verlo puesto que Israel tenía que defenderse del ejército de Siria y el rey deseaba la intervención de Dios. El profeta le dijo: "Toma las saetas. Y luego que el rey de Israel las hubo tomado, le dijo: Golpea la tierra. Y él, la golpeó tres veces y se detuvo. Entonces el varón de Dios, enojado contra él, le dijo: Al dar cinco o seis golpes, hubieras derrotado a Siria hasta no quedar ninguno; pero ahora solo tres veces derrotarás a Siria" (2 Reyes 13:18-19).

Fíjate hermano, Dios quería darle la victoria total a Joás, pero este limitó las bendiciones de su Dios. Vino a buscar todo lo que necesitaba de Dios, pero solo se llevó migajas, cuando su Creador quería darle hasta que sobreabundara. Nuestro Señor conoce el mañana desde hoy y sabe qué herramientas o armas vamos a necesitar en un momento dado. Debemos ir con nuestras "copas" boca arriba y mantenernos en ese estado continuamente. Nuestro Salvador quiere que dependamos de Él en todo momento y para todas nuestras batallas, sean chicas o gigantes. El problema es que lo limitamos y cuando no obtenemos la victoria que ha sido preparada para nosotros, nos desanimamos y en ocasiones le echamos la culpa a otras personas o circunstancias.

Muchas veces detenemos las bendiciones porque nuestro análisis de la situación es muy limitado o incorrecto. Queremos prepararnos para la guerra "espiritual" con manuales y planes naturales cuando el apóstol Pablo escribió bien claro que "no tenemos lucha contra sangre y carne, sino contra principados, contra potestades, contra los gobernadores de las tinieblas de este siglo, contra huestes espirituales de maldad en las regiones celestes" (Efesios 6:12).

Cuando tú y yo hacemos un análisis de la situación y vamos donde nuestro Dios a pedir su ayuda la recibimos a media, porque creemos que el "arma" que llevamos es suficiente. No quiero que me malinterpretes, nuestro Dios es más que suficiente, pero nuestro análisis y, por ende, lo que escogemos como armas, es limitado. Como le sucedió a Marilia y a Joás, tanto don José como Eliseo deseaban que

Muchas veces detenemos las bendiciones porque nuestro análisis de la situación es muy limitado o incorrecto.

ellos obtuviesen una victoria completa pero, por su pobre análisis de la situación, limitaron la bendición de Dios.

Volvamos a Pablo con la carta que le escribió a la iglesia en Éfeso. El apóstol entendía que le era necesario explicar con claridad y especificidad en qué consistía el "enemigo" y en el próximo versículo les enseña TODO lo que iban a necesitar. Les dijo: "Por tanto, tomad TODA la armadura de Dios, para que podáis resistir en el día malo, y habiendo acabado todo, estar firmes" (Efesios 6:13).

Imagínate, amado lector, que algún hermano o hermana en Éfeso se hubiese "vestido con la coraza de justicia, y calzado los pies con el apresto del evangelio de la paz, tomado el escudo de la fe, el yelmo de la salvación y la espada del Espíritu", pero se le olvidó ceñirse los lomos con la verdad, ¿cuánta dificultad habría tenido en el campo de batalla? A lo mejor, en su análisis de la situación, entendía que tenía más que suficiente para enfrentarse a ella pero por no haber recibido TODO lo que Dios tenía para él o ella, por limitar las bendiciones de Dios, su victoria fue a medias o no tuvo triunfo alguno.

Otras veces limitamos a Dios porque permitimos que los demás hagan el análisis por nosotros y declaramos (en nuestra mente y con nuestras acciones) tal análisis como real y final. Comenzamos a escoger "nuestras armas" y a caminar según planes que, a lo mejor, no eran los que Dios tenía para uno. Nuevamente limitamos sus bendiciones por estar mirando a través de un "cristal prestado". Quiero que este principio quede bien grabado en tu corazón. Siempre que utilicemos "cristales prestados" vamos a estar mirando la "realidad de otros", no la nuestra ni la tuya. Por ende, no vas a esperar por todas las bendiciones que Dios tiene para ti y te vas a mover en tu "situación" a medias.

Por no entender este principio el pueblo de Israel sufrió. Si vamos al libro de Números, capítulo trece, leemos cómo Jehová le dijo a Moisés que enviara hombres para reconocer la tierra de Canaán. La tierra que YA Dios había separado para ellos. Moisés envió doce espías, cada uno representando a cada tribu de Israel. Moisés era el que tenía que tomar la decisión final pero, conforme a lo que Dios había determinado, iba a recibir el consejo, la opinión, el punto de vista de esos doce hombres. No quiero que pienses que es malo escuchar el consejo de otros, porque escrito está: "Mas en la multitud de consejeros hay seguridad" (Proverbios 11:14). Lo que tienes que entender es que la decisión final reside en ti y en lo que hayas recibido de Dios.

Otras veces limitamos a Dios porque permitimos que los demás hagan el análisis por nosotros.

Cuando los espías regresaron de reconocer la tierra, diez de ellos comenzaron con SU análisis de la situación. Les dijeron a Moisés y al pueblo de Dios: "Nosotros llegamos a la tierra a la cual nos enviaste, la que ciertamente fluye leche y miel; y este es el fruto de ella. Mas el pueblo que habita aquella tierra es fuerte, y las ciudades muy grandes y fortificadas; y también vimos allí a los hijos de Anac". Y luego le dijeron: "No podemos subir contra aquel pueblo, porque es más fuerte que nosotros". Por escuchar la opinión errónea, por mirar a través del cristal equivocado, Moisés determinó detener las bendiciones de Jehová y no se adueñó de lo que ya era suyo.

Muchas veces permitimos que "opiniones ajenas, cristales prestados, realidades de otros" limiten todo lo que nuestro Señor quiere para nosotros y nos conformamos con algunas "vasijas" cuando —como le dijo Eliseo a la mujer de quien hemos estado hablando en este libro—, nos indica que sean "NO POCAS". Eliseo quería que la mujer pidiese MUCHAS vasijas a sus vecinos. Dios no quiere que detengamos sus bendiciones y todo lo que nos quiere dar para que triunfemos sobre los ataques que vienen de Satanás. Él no quiere victorias a medias, ni que vivamos en mediocridad, sino que obtengamos la victoria total, en su plenitud.

Ya hemos visto cómo limitamos las bendiciones de Dios dado que nuestro análisis es equivocado o que el análisis que hacemos es ajeno y no concuerda con nuestra realidad. Permíteme darte otra posible razón por la cual limitamos las bendiciones o los planes de Dios en las batallas diarias de nuestra vida. Lo limitamos cuando no entendemos lo que desea que hagamos. Cuando las "armas" que Él pone en nuestras manos no nos parecen lógicas y hasta nos parecen absurdas.

Hay una porción bíblica que quiero considerar. Una que nos enseña claramente lo que estoy tratando de compartir con ustedes. Se encuentra en el capítulo cinco de 2 Reyes. La historia narra que un general de Siria, llamado Naamán, sufría de lepra y que la sirvienta de la esposa de este, una muchacha hebrea, le informó que si el general iba ante Eliseo, este le sanaría la lepra.

No vamos a entrar en los detalles de la historia. Las instrucciones del profeta fueron que Naamán se lavara siete veces en el río Jordán. Cuan ilógico debe haber sido para ese general tal directriz. Fue tal la sorpresa que este se enojo y dijo: "He aquí yo decía para mí: Saldrá él luego, y estando en pie invocará el nombre de Jehová su Dios, y alzará su mano y tocará el lugar, y sanará la lepra". Y siguió quejándose porque había mejores ríos en Damasco que en Israel.

Abordemos las alas de la imaginación y viajemos al pasado para ver lo que estaba aconteciendo. Tenemos un general, un hombre de poder con una enfermedad que no solamente deterioraba el cuerpo poco a poco, sino que también afectaba a la persona en su estado emocional y de manera profunda. La sociedad despreciaba a las personas con lepra. Las amistades y familiares deseaban estar "muy lejos" del enfermo ya que se entendía que era altamente contagioso. Cuando uno sufre de cierto tipo de lepra algunas áreas de la piel quedan expuestas a la vista.

Imagínate a Naamán mirando sus llagas, su piel afectada y lacerada con otras lesiones y luego observar el río, no muy limpio, donde el profeta le ordenó que se lavara. Naamán decidió que iba a recibir la bendición de Dios, la forma en cómo batallar con su enfermedad de una manera específica y, ahora, se encuentra de frente con algo que no le hace sentido.

¿Cuántas veces vamos tú y yo ante Dios buscando respuesta a una situación que nos quiere amedrentar? Vamos llenos de fe, entendiendo que saldremos de ese "encuentro" con nuestro Señor con las bendiciones necesarias para lidiar con la situación. El problema es que muchas veces ponemos a Dios en una "cajita" y esperamos que se mueva conforme a las ideas que ya nos hemos forjado en nuestra mente. No acabamos de comprender que, como está escrito, "mis pensamientos no son vuestros pensamientos, ni vuestros caminos mis caminos, dijo Jehová" (Isaías 55:8). Nuestro Dios es dinámico y trabaja con nuestras situaciones y las bendiciones que ha separado para nosotros A SU MANERA.

Cuando limitamos a Dios de esa manera vemos la "solución" a nuestro problema a través de una ventana muy chica. Es como si estuviéramos viendo pequeños retratos de las diversas posibilidades y no vemos el retrato completo de las bendiciones de Dios. Naamán solo miraba el río, no podía ver el plan completo de Dios porque no le parecía sensato. Me imagino a Naamán pensando: "Tengo lepra, llagas abiertas en mi piel y ahora este profeta me dice que la única forma en que Jehová me va a sanar es introduciéndome en esta agua que no está tan limpia como la de los ríos de mi tierra. Si entro en este río, lo que puede pasar es que me voy a contaminar más y mi enfermedad va a empeorar".

Si introducirse en el Jordán le era difícil a Naamán, imagínate cuando salió del río la primera vez. Es posible que se mirara la piel y dijera: "Esto es una locura. Tengo la misma lepra, las mismas llagas, y ahora estoy más sucio". Yo no sé que movió a ese hombre a seguir con las instrucciones de Eliseo. Porque aunque era poderoso en su tierra no era del pueblo escogido por Dios. Él no había experimentado las dádivas de Jehová ni había crecido en un hogar donde se le enseñara sobre todas las maravillas que Dios había hecho a favor de su pueblo.

Muchas veces ponemos a Dios en una "cajita" y esperamos que se mueva conforme a las ideas que ya nos hemos forjado.

Aquí vemos un personaje que no tenía una relación con Dios, que inicialmente trató de detener las bendiciones divinas, de eliminar las herramientas para ser sano y libre, mas por razones que no entendemos se sometió a la PERFECTA voluntad de Dios y venció la enfermedad que lo estaba amedrentando.

Tú y yo tenemos que comportarnos en la manera en que caminó Naamán. Aunque no entendamos cómo quiere trabajar nuestro Dios en una situación en particular, sometámonos y no detengamos el fluir de las bendiciones que nuestro Señor tiene para nosotros. Como le dijo Eliseo a la viuda del capítulo cuatro de 2 Reyes: "Ve y pide para ti vasijas prestadas de todos tus vecinos, vasijas vacías, NO POCAS". Es tiempo de pararte delante de tu Dios y no detener todas las "VASIJAS" que tiene para ti. Vasijas que te van a ayudar cuando el diablo venga a tratar de amedrentarte.

Es tiempo de pararte delante de tu Dios y no detener todas las "VASIJAS" que tiene para ti.

Creando nuevas inquietudes...

- ¿Cuántas veces te has encontrado en los zapatos de Marilia? ¿Qué victorias no has obtenido por no llevarte todas las herramientas que necesitas para un proyecto o situación?

- ¿Has considerado las veces que no alcanzas lo que deseas por tu pobre análisis de la situación? ¿Qué pasos has dado para cambiar tu manera de analizar diversos problemas en tu vida?

- ¿A través de cuantos "cristales prestados" has mirado tu supuesta realidad? ¿Cómo han afectado esas decisiones a tu progreso?

- ¿Qué debes hacer para mirar a través de los ojos o la realidad de Cristo?

- ¿En qué ocasión limitaste a Dios porque no "actuó" como determinaste que tenía que actuar, cuando su método te pareció ilógico? ¿Cuál ha sido la forma más "ilógica" en la que tu Señor ha trabajado en tu vida?

un toque final...

Recuerda: Tú no eres huérfano. Tienes un Padre que está en los cielos y eres coheredero con Cristo Jesús de Sus grandezas. Cuando tengas una situación que te quiera amedrentar, ve delante de "Abba Padre" con las "copas" boca arriba y recibe toda Su bendición.

Capítulo

8

A zambullirse

En nuestro caminar con el Señor vamos a encontrar muchas personas que no han "cruzado el Jordán" hacia la tierra prometida. Es tiempo que nos "mojemos los pies" para que otros pasen en seco y sean salvos.

Hace poco estuve dictando una conferencia sobre las relaciones paternofiliares. Mientras me preparaba, medité en mi padre, que ya no está con nosotros. Mis ojos se llenaron de lágrimas, pero mi corazón se llenó de gozo cuando pensé en todas las experiencias preciosas que forjamos al convivir con él. Mi padre no fue a la universidad, como yo, pero la sabiduría que había en él era una que no se adquiere con títulos. Yo siempre decía que si fuera la mitad de lo que mi padre era, podía conquistar horizontes que no he alcanzado. Sin temor a equivocarme, de todos los seres humanos con quienes he tenido el privilegio de compartir, mi mejor maestro fue mi padre. Platón se sentó a los pies de Sócrates, Pablo a los de Gamaliel y yo a los de mi padre.

Estoy seguro de que todos ustedes deben tener vivencias

parecidas. Es posible que en vez de un padre fuese una madre, una abuela, un tío, un amigo. Lo que es cierto es que para que tú y yo llegásemos a distintos puertos navegando en la embarcación de nuestra vida, tuvo que haber alguien que pagara el precio por ti, que te enseñara el camino, que se mojara los pies para que tú y yo pasáramos en seco. Deseo que consideremos este aspecto o enseñanza con mayor profundidad. Dios nos envía a ser sacerdotes de nuestro hogar. Es nuestra labor ser "vasos" de bendición para los nuestros. Nosotros hemos de llevarles desde el "posible cautiverio" o servidumbre —como les iba a suceder a los hijos de la viuda—, a la libertad y la abundancia de la "tierra prometida" que Dios ha reservado para nuestra familia. Pero tú y yo somos los sacerdotes.

Si observamos de cerca la historia bíblica que hemos estado analizando durante el curso de este libro, vemos cómo el profeta Eliseo no le dijo a la viuda que buscara al sacerdote, al levita, al profeta ni a ninguna otra persona. Eliseo le dijo: "Entra luego, y enciérrate tú y tus hijos; y echa en todas las vasijas, y cuando una esté llena, ponla aparte. Y se fue la mujer, y cerró la puerta encerrándose ella y sus hijos; y ellos le traían las vasijas, y ELLA echaba del aceite". Dios iba a utilizar las manos de la madre, en ese momento la persona encargada del hogar, para producir el milagro que habría de salvar a su hogar, suplir sus necesidades y sobre todo evitar que sus hijos fuesen llevados como siervos.

Por ese importante principio es que Jehová nos dice: "Y comprended hoy, porque no hablo con vuestros hijos que no han sabido ni visto el castigo de Jehová vuestro Dios, su grandeza, su mano poderosa, y su brazo extendido... Mas vuestros ojos han visto todas las grandes obras que Jehová ha hecho" (Deuteronomio11:2,7).

Utilizando otra porción bíblica vemos que cuando el pueblo de Dios estaba listo para recibir la tierra prometida, Jehová comisionó a los sacerdotes a que fuesen delante del pueblo, levantando el arca del pacto y mojando sus pies en el Jordán. En otras palabras, alguien tenía que mojarse los pies para que otros pasaran en seco. Como ya lo he mencionado, tú y yo somos los sacerdotes que Dios ha escogido para que nos mojemos los pies y llevemos a nuestra familia desde el cautiverio, el desierto, a la "tierra prometida"; por tanto, es tiempo de "zambullirnos".

Dios nos envía a ser sacerdotes de nuestro hogar.

Como he expresado en tantas ocasiones, y luego de leer tantos libros durante mis años de estudios, he llegado a la conclusión de que más que ninguna otra obra literaria, la Palabra de Dios está llena de principios y enseñanzas, por consiguiente, permíteme utilizar la porción bíblica ubicada en el capítulo tres del libro de Josué. Aprenderemos a ser los sacerdotes que Dios desea utilizar. Podemos aplicar esas enseñanzas al ministerio sacerdotal en nuestro hogar, entendiendo que deseamos llevar a los nuestros a todas las bendiciones que Jehová tiene para ellos en esta "tierra que fluye leche y miel".

Lo primero que encontramos es que el que ha de hacer algo grande para el Señor *DEBE LEVANTARSE TEMPRANO*. "Josué se levantó de mañana..." (Josué 3:1). Podemos tomar este principio en forma literal: "Yo amo a los que me aman, y me hallan los que temprano me buscan" (Proverbios 8:17). En varias porciones bíblicas vemos cómo se levantaban los hombres de Dios a orar y buscar el rostro del Señor a tempranas horas del día. Aun nuestro Señor Jesús oraba temprano, como vemos en Marcos 1:35: "Levantándose muy de mañana, siendo aún muy oscuro, salió y se fue a un lugar desierto, y allí oraba".

Pero les pido que me permitan utilizar el comienzo de este versículo en forma simbólica, para enseñarnos que debemos comenzar lo antes posible, a "mojarnos los pies" por los nuestros. Dios nos dice a través del libro de Proverbios que el que ama a su hijo, desde temprano lo corrige (Proverbios 13:24), y traduciendo lo que Homer Phillips dijo tenemos que: "El tiempo de corregir a tus hijos es antes de que ellos comiencen a corregirte a ti".

Alguien tenía que mojarse los pies para que otros pasaran en seco.

A lo largo de mi carrera como galeno, fueron muchas las veces que enseñé o que escuché a expertos en distintas singularidades médicas, exponer que uno de los componentes más importantes del tratamiento de enfermedades es la prevención. La opinión de la clase médica es que el mejor tratamiento debe basarse en la prevención de la enfermedad.

La opinión pública afirma lo mismo mediante un refrán muy conocido en varios de los países de habla hispana que dice: "Es mejor precaver que tener que remediar". Por eso, si queremos ser sacerdotes de nuestro hogar conforme a Jehová, debemos comenzar temprano como "vasos" a través de los cuales Dios guíe a nuestra familia para darle su "milagro".

Es imperativo que al momento en que los padres lleguen al Señor, comiencen la labor sacerdotal en su hogar. No acabo de comprender cómo existen padres que se lanzan a criar hijos y a guiar su hogar fuera de los caminos del Señor. En la sociedad en la que nos ha tocado vivir, con la gama de presiones negativas que inundan las vidas de nuestros seres queridos, es importante sembrar a edad temprana. Mientras más temprano sembremos, le robamos tiempo al enemigo que quiere destruir nuestra "semilla". Si dejamos para mañana lo que se puede hacer hoy, le damos lugar al diablo, que anda como león rugiente viendo a quien devorar. Él va a tratar de devorar a aquellos en nuestro hogar que son jóvenes y que no están "sembrados" en la presencia de nuestro Dios.

Es imperativo que al momento en que los padres lleguen al Señor, comiencen la labor sacerdotal en su hogar.

Lo segundo para poder zambullirnos eficazmente es *LEVANTAR EL ARCA*. Fíjate, amado, que en Josué 3:3 el Señor dice que las instrucciones que le dio al pueblo de Israel fueron que marcharan en pos del *arca*. Dios no les dijo que marchasen en pos de los músicos, ni de los líderes, ni de los soldados, les dijo que fuesen en pos del arca. El arca del pacto contenía los Diez Mandamientos, una porción del maná, y la vara de Aarón. El arca representaba la presencia de Dios.

Hoy en día, Dios desea que levantemos a Cristo Jesús, para que los nuestros marchen en pos de Él. Pablo dijo que fuésemos imitadores de él como él lo era de Cristo. Y siempre he visto en esa porción bíblica al apóstol Pablo enseñarnos que imitemos lo que hay de Cristo en él.

Qué triste es escuchar que un ministerio que Dios ha bendecido en forma magnánima, se encuentre hoy en medio de estragos y que su efectividad en promulgar el evangelio del Señor ha disminuido. Yo no puedo entender este fenómeno a la luz de lo que reflejan las Sagradas Escrituras en 2 Corintios 3:18, que afirma: "Por tanto, nosotros todos, mirando a cara descubierta como en un espejo la gloria del Señor, somos transformados de gloria en gloria en la misma imagen, como por el Espíritu del Señor".

No vamos a entrar en un estudio detallado de este versículo, lo que sí quiero traer a tu consideración es la verdad que yace en su Palabra, que tú y yo crecemos en el Señor "de gloria en gloria", y esto puede interpretarse como que estamos caminando o creciendo de un grado de gloria a otro superior al previo. Si estudiamos las Escrituras, es fácil ver con claridad que en el reino de Dios el movimiento va en aumento, en incremento; el hombre es el que detiene o desacelera ese crecimiento, no es el Señor. Si esto es cierto, entonces ¿por qué vemos ministerios que antes eran conocidos, respetados, hasta por el mundo secular, que estaban haciendo una tremenda obra para Dios, y ahora lo que queda son ruinas?

Amado hermano, no quiero que te adelantes o que te pongas a la defensiva. No estoy diciendo que la razón por la que los ministerios han menguado sea pecado, aunque esa sería una razón poderosa y bíblica. Tampoco estoy limitando a Dios en su omnipotencia para determinar el movimiento de sus distintos ministerios. Estoy tratando este fenómeno porque una razón por la cual algunos ministerios menguan es porque se centran alrededor del "vaso" que Dios está utilizando en un momento dado y no en quien llena ese "vaso": el Espíritu Santo. Cuando eso sucede, en el momento en que el "vaso" no está, mengua el ministerio.

Eso no es tan difícil de entender. En sicología existe un fenómeno observado por los expertos en el desarrollo de los niños (con los mismos padres), al que los sicólogos le han dado un nombre. Ese nombre es "permanencia de objeto". Son palabras simples, lo que declara este principio: es que los niños, hasta cierta edad, por lo general tres años, necesitan tener en su campo visual la presencia del ser que brinda el cariño, protección, alimentación, etc.

Una razón por la cual algunos ministerios menguan es porque se centran alrededor del "vaso" que Dios está utilizando.

Los que somos padres podemos apreciar ese fenómeno. ¿Cuántas veces tú, madre o padre, has estado en la sala de tu hogar y el niño está jugando en su cuarto pero, de vez en cuando, te llama y cuando le respondes te dice: "No, no es nada"? El niño o la niña está asegurándose de que esa persona "especial" en su vida se encuentra en su "mundo", porque todavía no ha aprendido a sentir paz y seguridad cuando el ser querido y que le brinda protección no está presente. Gracias a Dios que al fin superan esa etapa porque si no estarían viviendo en casa para siempre, aunque hay algunos...

Bueno, volvamos a lo que estábamos considerando.

Ese fue el fenómeno que sucedió a la falda del monte Sinaí cuando Moisés subió para hablar con Dios. Lee la Palabra en el capítulo 32 del libro de Éxodo y verás que como el pueblo vio que Moisés tardaba, acudieron a Aarón y le pidieron que les hiciera un dios que fuese delante de ellos.

Ellos solo miraban a Moisés, solo lo veían como su salvador. Y como ese "salvador" no acababa de llegar a la presencia de ellos —que estaban acostumbrados o mejor dicho, mal acostumbrados como en Egipto, a siempre tener un dios que les guiara—, corrieron a pedir un símbolo, una figura, que les diera un poco de seguridad, ya que el "objeto" en quien ellos confiaban, Moisés, llevaba 40 días fuera de su campo visual.

El pueblo de Israel falló entre otras cosas porque aprendieron a ver al "vaso" de Dios como a un dios, y al este no estar presente se amedrentaron y decidieron caminar en pos de un suplente, una estatua de oro. Aunque no era en pos de esa estatua que iban a obtener sus bendiciones. Esas bendiciones y seguridades solo se obtenían caminando en pos del verdadero salvador, nuestro Dios.

En el Evangelio según San Juan (12:32), leemos: "Y yo, si fuere levantado de la tierra, a todos atraeré a mí mismo". El Maestro no dijo si la iglesia, el templo, el instituto, los concilios, los ministerios, etc. Él dijo *Yo,* porque solo levantándolo a Él y permitiendo que los nuestros vayan en pos de Él, es que realmente van a conocer por dónde ir, ya que Jesús dijo: "Yo soy el camino". Enseñémosle a ir en pos de Cristo, y cuando falle el ministro, los líderes y hasta nosotros, nuestros hijos y familiares no se van a desviar tan fácilmente, no van a danzar alrededor de un "buey" equivocado porque estarán enfocados en *nuestra* arca del pacto: "Cristo Jesús".

Hasta este punto hemos aprendido que Dios quiere utilizar a los sacerdotes de nuestros hogares, tú y yo. Por tanto, debemos comenzar lo antes posible en la defensa de los nuestros, debemos enseñarles a ir en pos de nuestro Señor. Lo próximo que quiero compartir contigo es que los que queremos "zambullirnos", por los nuestros, tenemos que tomar la determinación de mantenernos firmes en medio de nuestro "jordán" hasta que nuestros seres queridos hayan pasado en seco. En otras palabras, no podemos desanimarnos.

Tenemos que aprender a ser perseverantes. Es posible que me digas: "Pero hermano Falero, es que tres veces me he parado en el Jordán por mi esposo. Llega a la orilla, y se regresa, vuelve a la bebida, al cigarrillo, a la vida de cautiverio. Estoy cansada, no puedo más, ya he estado en medio de ese jordán por mucho tiempo". Sería fácil para mí decirte que sigas tu marcha, que ya no hay nada que se pueda hacer. Pero la verdad es que debemos recordar cuántas veces nuestro Señor esperó por ti y por mí.

Quiero decirte que una de las personas que influyeron en que yo conociera al Señor fue una niña de 12 años. Se llamaba Jamira. Ella se paró, por así decirlo, en el "Jordán", por mí, y supo esperar y ser perseverante. Recuerdo que fueron muchas las ocasiones en que un día de culto, se escuchaba a la puerta de mi apartamento la voz y el suave toque de su mano. Ese sonido me avisaba que había llegado, nuevamente, la niña que en aquel momento yo veía como la "destructora" de mi paz. Al principio, me comportaba muy cortés y me inventaba una que otra excusa, como ahora hacen muchos de mis amigos conmigo. Pero como en el caso de Pablo en Filipos, ya Dios estaba preparando mi corazón para recibirle.

Recuerdo, como si hubiese sido ayer, que un domingo a eso de las cinco de la tarde se escuchó el no muy bienvenido toque de la puerta. Ese día, un tanto molesto, le dije a mi esposa que iba a ir a la iglesia con la niña para que me dejara en paz, para que no me molestara más. Recuerdo que abrí la puerta y le dije, en forma un poco grotesca: "Sí, si voy". Y ella solo sonrió al observarme. Estaba segura de que Dios iba a permitirme cruzar mi "Jordán" en seco aquella noche, y recibir mi "tierra prometida". Lo que yo tenía en mi mente era que la niña me dejara en paz.

Como yo fumaba cigarrillo, le dije que les iba a seguir en mi auto, pero tras la misma hermosa sonrisa, salió la vocecita y me dijo: "El bus nos viene a buscar". Me mordí la lengua y accedí, pero en mi interior estaba refunfuñando. Era una noche de bautismos y ella se bautizaba. Al igual que ella, se bautizarían unos doscientos fieles. Yo no sabía lo que me esperaba. Recuerdo que me senté en la segunda fila de una iglesia bien grande. Comenzaron con el devocional, que para mí era una eternidad, porque tenía muchas ganas de fumarme uno o dos cigarrillos. Y, además, no me atrevía a levantarme en medio del servicio porque me había sentado al frente, lo que en ese momento consideré un craso error (error orquestado por mi Dios).

Quiero decirte que una de las personas que influyeron en que yo conociera al Señor fue una niña de 12 años. Se llamaba Jamira.

Para colmo esa iglesia tenía por costumbre cantar el coro favorito del que se iba a bautizar, así amado que sabrás la tortura por la que pasé. Pero a medida que iba transcurriendo el culto mi corazón se iba ablandando. Recuerdo que cuando hicieron el llamado yo fui el primero en pasar al frente y no podía dejar de llorar. Quería dejar de llorar pero no podía. Recuerdo que me dije a mí mismo: "Jorge, no seas ridículo, te están mirando", pero no podía controlar el llanto. Lo que recuerdo es que era un llanto, como si estuviesen arrancando algo de mi interior y lo estaban cambiando por paz, por una calma que yo no entendía. Hermanos, hasta el deseo de fumar se me desvaneció en un abrir y cerrar de ojos. Para resumir y poder dejar de llorar frente a mi computadora, le doy mil gracias a Dios porque hubo una bella niña que se paró en el Jordán por mí y, aunque yo era una persona difícil, se mantuvo hasta que yo pasé en seco. Les diré que desde ese día no he vuelto atrás.

Tenemos que recordar que cuando Samuel fue enviado a ungir rey a la casa de Isaí, pasaron frente a él siete hermanos de David, pero ninguno era el que buscaba Dios. Samuel no se dio por vencido y le preguntó a Isaí que si esos eran todos sus hijos. Cuando Isaí le informó que aún quedaba el menor, Samuel le dijo: "Envía por él, porque no nos sentaremos a la mesa hasta que él venga aquí". Tú no te debes sentar a la mesa pensando: "Ya hice lo que pude", mientras quede uno de los tuyos fuera, mantente con el arca en medio del Jordán, sé perseverante con los suyos.

> "Y si en algo te dañó, o te debe, ponlo a mi cuenta".

Cuando queramos alzar el arca —como los sacerdotes— para que los nuestros crucen en seco, tenemos que estar dispuestos a pagar el precio por ellos. Tenemos que decir como le escribió el hermano Pablo a Filemón, concerniente a uno de sus esclavos que se había escapado y que según la ley merecía la muerte. San Pablo escribió lo siguiente: "Te ruego por mi hijo Onésimo, a quien engendré en mis prisiones", y luego le escribe en el versículo 18 de la carta a Filemón: "Y si en algo te dañó, o te debe, ponlo a mi cuenta".

Pablo pudo haberle dicho a Onésimo que ese era su problema, Samuel se pudo haber ido de la casa de Isaí, y Jamira pudo haber desistido de tocar en la puerta de mi apartamento. Gracias a Dios que tanto San Pablo, como Samuel, como Jamira, fueron obedientes a Dios. Por esa obediencia uno fue coronado rey y dos fuimos libertados de la esclavitud. Es tiempo que decidamos pagar el precio por los que amamos y que necesitan llegar a la tierra que fluye leche y miel, que para nosotros no es Canaán, sino la "Nueva Jerusalén", la cual se alcanza a través de Cristo Jesús.

¡Es tiempo de zambullirnos!

Creando nuevas inquietudes...

- ¿Recuerdas quién se "mojó sus pies en el Jordán" para que pasaras en seco? ¿Cuándo fue la última vez que te paraste en el Jordán por otros?

- ¿Entiendes tu responsabilidad como sacerdote de tu hogar? ¿Qué dinámicas en tu hogar te hacen difícil esa encomienda? ¿Qué principios bíblicos te han ayudado en esa labor que Dios te dio?

- ¿Cómo ayudas a tus hijos, naturales y espirituales, a enfocarse en Dios y no en los hombres? ¿Qué ha sucedido cuando personas que conoces se enfocan en el "hombre"?

- ¿Te has desanimado con el caminar de alguna persona por la cual te "has parado en el Jordán"? ¿Qué te ha ayudado a lidiar con ese desánimo?

- ¿Cuántas personas quedan en tu familia que todavía no han cruzado "el Jordán" en seco? ¿Qué piensas que tienes que cambiar para ayudarles?

Un toque final...

Recuerda: Cada persona es distinta, por lo que tienes que utilizar diversas "armas" para llevarle el mensaje. Pero lo que no debe cambiar es tu deseo continuo de pagar el precio por ellos, de mojarte los pies en el Jordán y de levantar a Cristo para que ellos vayan en pos de Él.

Capítulo

9

Sin fianza no hay libertad

Qué hermoso es saber que aun cuando estemos tras las "rejas" —por hacer la obra que Dios ha puesto en nuestras manos— seremos libres ya que Él pagó la "fianza" por ti y por mí. Por ende, mantente firme declarando Su gloria y verás como Él se hace presente en tus prisiones.

En el capítulo anterior vimos que Dios quiere que seamos los sacerdotes de nuestro hogar y que "levantemos el arca, nos mojemos los pies, para que todos los que Él nos ha dado pasen en seco a la tierra prometida, a la salvación. Mas es importante que entendamos que cuando tú y yo levantemos el arca, y las vidas comiencen a ir del cautiverio —en que las mantenía el diablo— a la salvación en Cristo Jesús, el enemigo de las almas se va a molestar mucho y va a querer meterte preso.

Veamos lo que está escrito en el libro de Apocalipsis, capítulo 2, versículos 8 al 10: "Y escribe al ángel de la iglesia en Esmirna: El primero y el postrero, el que estuvo muerto y vivió, dice esto: Yo conozco tus obras, y tu tribulación, y tu pobreza (pero tú eres rico), y la blasfemia de los que dicen ser judíos, y no lo son, sino sinagoga de Satanás. No temas en nada lo que vas a padecer. He aquí, el diablo echará a algunos de vosotros en la cárcel, para que seáis probados, y tendréis tribulación por diez días".

Lo primero que quiero que observes es que esta carta se la está enviando el Señor a una iglesia que estaba haciendo lo que Él deseaba. Por eso tenían tribulaciones y eran pobres; pero qué hermoso es saber que cuando somos perseguidos por causa del reino de Dios, aunque seamos pobres, estamos acumulando riquezas en el cielo.

Lo importante es que estaban haciendo la obra de Dios.

Por eso debemos preocuparnos cuando no vemos al enemigo molesto con nosotros. A través de la Escritura, vemos que cada vez que un siervo o sierva de Dios estaba haciendo la voluntad de Jehová, el enemigo trataba de detenerle. Vemos cómo preparó la cárcel para José en Egipto, para Juan el Bautista, para Pedro, y muchos de los que estaban haciendo su voluntad, los cuales terminaron presos. El diablo quiere ponernos tras barrotes para detener la obra de Dios, pero es que no se acuerda que el mismo Jesús dijo que ni las puertas del Hades prevalecerían contra la iglesia.

Por ende, hermano amado, regocíjate porque estarás preso solo por diez días, que es un corto periodo de tiempo, y serás puesto en libertad porque tú y yo tenemos la fianza segura. Así que, continuemos levantando el arca, zambulléndonos, y que las almas sigan llegando a nuestro Señor. La labor evangelística es tan importante que leemos en 2 Pedro 3:9: El Señor no retarda su promesa, según algunos la tienen por tardanza, sino que es paciente para con nosotros, no queriendo que ninguno perezca, sino que todos procedan al arrepentimiento. Lo que detiene la Segunda Venida de Cristo es el deseo que tiene Dios de que todo hombre obtenga salvación.

Por eso es que cuando tú y yo nos paramos en nuestro Jordán, el enemigo se molesta sobre manera, ya que le estamos quitando las almas que son de Cristo. El diablo de inmediato se da a la tarea de meterte preso. Me imagino que tendría una contienda especial contra el apóstol Pablo. Cuando pienso en ganadores de almas el primer nombre que llega a mi mente, después de Dios, es el de San Pablo. Qué hermano para encantarle predicar el evangelio y ver nuevos convertidos. Si viviese en estos tiempos no le veríamos mucho sentado en un solo lugar. Andaría por todo el mundo hablando de Cristo y ganando almas para el reino. Era tanta la labor que vemos en el libro de Hechos de los Apóstoles, capítulo 16, que dice que las iglesias aumentaban en número cada día. Ya lo que estaba ocurriendo era una explosión espiritual, un avivamiento hermoso en Asia Menor. Me imagino a Pablo de un pueblo al otro, plantando iglesias para el Señor.

Cuando somos perseguidos por causa del reino de Dios, aunque seamos pobres, estamos acumulando riquezas en el cielo.

De repente sucedió algo que estoy seguro que el diablo no entendía, por lo que estaría sospechoso. Eso fue cuando en medio de todo el avivamiento de Asia Menor, se les prohibió por el Espíritu Santo que predicasen. Inicialmente, Pablo intentó ir a otra región, pero el Espíritu no se lo permitió. Fue en esa noche cuando el apóstol recibió el llamado macedónico. Por supuesto que el enemigo se molestaría, me imagino que comenzó a preparar su plan para meter presos a Pablo y a Silas.

Quiero que entiendas que Macedonia era la región norte de Grecia, lugar donde vivía un sinnúmero de pensadores famosos que querían minimizar y poner en duda la validez del nuevo camino, que era como se conocía al cristianismo. El enemigo de las almas estaba enojado puesto que, hasta que ocurrió el llamado macedónico, los creyentes se habían concentrado en Judea, Samaria y parte de Asia, pero ahora Pablo y Silas —por instrucción del Espíritu Santo— estaban invadiendo ese nuevo territorio que le pertenecía a Satanás, poblado por personas influyentes en el Imperio Romano. Entiendo que todos somos iguales para el Señor, pero seamos realistas. Si un hijo tuyo es alcalde de una ciudad con medio millón de habitantes, ¿no crees que el diablo se va a molestar contigo si tu hijo acepta a Cristo porque tuviste el atrevimiento de pararte en el Jordán para que él cruzara en seco?

Tú y yo puede que solo veamos a los nuestros venir al Señor, pero el enemigo de las almas ve la ramificación de nuestras acciones. Imagínate a tu hijo el alcalde, que hasta hacía una semana se la pasaba en actividades que no agradaban a Dios, llegar ahora a su oficina en las mañanas y decide que antes de comenzar sus labores administrativas va a tener un círculo de oración e invita a todos los empleados que deseen. Es posible que muchos por caer en gracia con el alcalde decidan ir, aunque lo que desearían es estar en su coffee-break o receso, fumándose un cigarrillo o tomándose un café. Cuando tu hijo comience a orar, es posible que muchos de sus subalternos estén pensando: "¿Cuándo se callará el alcalde?"

Sin embargo, si tu hijo continúa esa práctica todos los días, es muy probable que una de esas veces la secretaria, el chofer, el recepcionista o alguien más, llegue a los pies del Señor Jesús. Y todo ello porque el que aceptó su llamado macedónico —en el ejemplo que estamos utilizando—, fue tu hijo el alcalde. Este ejemplo lo he presentado para que nos imaginemos lo enojado que debe haber estado el enemigo de las almas, al ver que Pablo y Silas iban rumbo a Macedonia. Es tiempo de enojar al diablo, vamos a nuestras "macedonias", aunque nos metan presos. Recuerda que solo es por diez días y que tenemos la fianza.

Si seguimos de cerca la historia que encontramos en el capítulo 16 del libro de Hechos, vemos que a la primera ciudad que llegaron en Macedonia fue a Filipos, su capital. Filipos fue una ciudad que había sido habitada por soldados del Imperio Romano, al extremo de que su gobierno era de carácter militar. El progreso fue tal, que en un momento dado fue llamada la pequeña Roma. Era un puerto sumamente activo y próspero. Sin embargo, no había ni siquiera diez hombres que practicaran el judaísmo. Esto lo sabemos porque cuando Pablo y Silas llegaron a Filipos, se encontraron con el hecho de que los que amaban a Jehová se reunían a la orilla del río Gangites y no había una sinagoga. La ley judaica decía que en el momento en que hubiesen diez hombres creyentes en el judaísmo, se establecía una sinagoga, y en Filipos no existía sinagoga alguna, para leer y salvaguardar una copia de la "Torá".

Es interesante saber que, gracias a que Pablo fue sensible a la voz del Señor y obedeció a su llamado macedónico, vemos en Filipos a la primera persona en Europa que se convirtió al "cristianismo", así como también vemos la construcción de la primera iglesia en ese continente que, con el pasar de los siglos, iba a ser la sede del evangelio a las naciones, el puerto de bendición para el resto del mundo. Tú y yo no entendemos lo lejos que puede llegar la evangelización de nuestros hijos; por eso es que aun cuando el enemigo se enoje y nos quiera meter a la cárcel, debemos escuchar el llamado macedónico y obedecer al nuestro. ¿Quién sabe si los "nuestros" son los primeros cristianos en su comunidad, trabajo o escuela? ¿Quién sabe a cuántos serán de bendición porque tú y yo nos paramos en el Jordán al que nos llamó el Señor y ellos pasaron en seco?

Claro que el enemigo de las almas no va a quedarse tranquilo, él va a meternos presos, por así decirlo, pero tú y yo tenemos la fianza para salir de la cárcel al igual que Pablo y Silas en Filipos. Pero volvamos a la Palabra en el capítulo 16 del libro de Hechos de los Apóstoles. Ahí se relata que un día, cuando iban a orar al río, había una mujer llamada Lidia que amaba a Dios y cuyo corazón había sido preparado para recibir el mensaje del Señor. Amado lector, tenemos que aprender a estar constantemente dando testimonio del precioso mensaje de salvación, puesto que no sabemos en qué día va a estar el corazón de uno de los nuestros listo para recibir a Cristo. Hay un refrán que dice: "Tanto da la gota en la roca hasta que la rompe", y la Biblia dice que la palabra de Dios es como martillo que quebranta la roca. También declara que Dios cambia el corazón de piedra que hay en nosotros por uno de carne para que lo amemos. En pocas palabras, es tiempo de subir la música y que constantemente estemos hablando de Jesús para que, en el día escogido por Dios, los nuestros vengan al conocimiento de la verdad.

Muchas veces he compartido con los jóvenes que he

pastoreado, la experiencia que he tenido en tantas ocasiones. Cuando estoy en lugares públicos, me la paso entonando canciones cristianas con la esperanza de que haya un corazón preparado por el Espíritu Santo, como en el caso de Lidia, y me haga una de las preguntas que más me llenan de gozo: ¿Eres cristiano? Esta pregunta le abre la puerta a la evangelización. Si lo que me escuchan es hablar de política o deportes u otro aspecto, van a preguntarme sobre eso. Pero si alguien me escucha hablando de Dios, y su corazón está "listo", me va a dar la oportunidad de hablarle del tema que más me gusta: Cristo.

Tú y yo no entendemos lo lejos que puede llegar la evangelización de nuestros hijos.

El ser humano es así. Cuando alguien sabe que eres electricista, comienza a formularte preguntas concernientes al área en la cual eres experto. Lo sé por experiencia propia, ya que soy siquiatra y, cuando viajo en un avión, la persona que va a mi lado puede que me esté hablando de otro tópico o que esté callada, pero cuando se entera de que soy siquiatra, comienza la "aeroterapia", y no termina hasta que aterrizamos. Por supuesto, se aprovecha de una consulta totalmente "gratis". Por eso, ahora hablo de Jesús dondequiera que esté, para que en vez de que las personas reciban una solución transitoria, por un consejo que les pueda brindar, obtengan una permanente al llegar al conocimiento de quien puede hacer un análisis real y formular un plan de tratamiento infalible, el terapista de terapistas, Jesús.

Aunque esa mujer, a la orilla del río en Filipos, era una empresaria próspera y rica, ese día encontró a Jesús. No lo halló porque Pablo fuera salvo, ni porque era apóstol, ni porque era plantador de iglesias. No lo halló porque ella estuviera en una ciudad próspera. Se encontró con el único camino a la salvación, llamado Jesús, porque Pablo estaba hablando claro de las grandezas del Señor. Por eso es tiempo de subir la música en cuanto a nuestro testimonio en Cristo Jesús y que todos sepamos a quién servimos y en quién hemos creído. Así recibirá la salvación. Dios está exigiendo lo mismo de ti y de mí en estos días. Él prepara el corazón de los nuestros, nos da el llamado macedónico, nos inquieta a pararnos en nuestro Jordán, pero somos nosotros los que tenemos que HABLAR DE CRISTO, para que ellos crucen en seco y reciban liberación y vida eterna.

Eso le costó a Pablo y a Silas la cárcel. El enemigo estaba enojado porque por Pablo ser un bocón de Cristo, se salvó Lidia y toda su casa. El enemigo les envió una piedra de tropiezo, una joven con espíritu de adivinación para que Pablo terminara preso y así tratar de detener el evangelio. Relata la historia en Hechos que esa niña estuvo detrás de ellos por cuarenta días declarando que ellos eran hombres del Dios altísimo y que enseñaban el camino a la salvación.

Por razones que no vamos a considerar en este momento, Pablo no estuvo de acuerdo con la publicidad dada por la joven. Pablo entendía que lo que había en ella no era de Dios, por lo que reprendió y echó fuera el espíritu de adivinación que la poseía. Esa acción le costó a Pablo estar tras los barrotes en la cárcel de Filipos. Es posible que, por seguir con tu llamado macedónico y hacer la voluntad de Dios, el enemigo te ponga tras barrotes de cárceles como las enfermedades, los problemas financieros, la persecución, las discordias familiares, el que personas a las que amas te den la espalda y te abandonen, etc.

Las potenciales prisiones tuyas y mías son tantas que podríamos escribir incontables libros para enumerarlas, pero lo importante es entender que esas acciones son las tretas que utiliza el enemigo para tratar de detener la obra de Dios en y a través de ti. Mas tenemos que recordar que eres el templo vivo del Espíritu Santo y que, como mencioné en otra porción del capítulo, está escrito que ni las puertas del Hades prevalecerán contra ti. Es tiempo de que tengamos nuestra fianza y que la usemos.

Es tiempo de subir la música en cuanto a nuestro testimonio en Cristo Jesús y que todos sepamos a quién servimos y en quién hemos creído.

Es probable que me digas: "Hermano Falero, es que la cárcel en la que estoy es muy difícil de sobrellevar, es una carga muy pesada". Y yo te recordaría que Jesús dijo que depositemos nuestras cargas sobre Él. Tratemos de imaginar por un momento la situación de Pablo y Silas. Ninguna cárcel es buena, pero el calabozo donde pusieron a nuestros hermanos en Filipos no era ni parecido a los de las prisiones modernas en las que he trabajado, que tienen un sinnúmero de comodidades. A Pablo y a Silas los pusieron en el más profundo calabozo y sus pies estaban atados por un cepo para que no se escaparan, de modo que el carcelero no tuviera que pagar con su vida ya que no podrían escapar. Me imagino ese calabozo, húmedo, lleno de agua, oscuro, con ratas mordiéndoles las heridas que todavía estaban sangrando, por los latigazos que habían recibido. Quién sabe lo que hablaron nuestros hermanos esa noche, pero de una cosa estoy seguro, en un momento u otro se tienen que haber quejado y no dudaría si por la mente de alguno de ellos pasaría alguna vacilación en cuanto a lo que estaban haciendo.

Amados, hay veces en que tú y yo estamos en unas prisiones tan malas que es posible que nuestra fe flaquee. El mismo Juan el Bautista envió a sus discípulos a preguntarle a Jesús si era el que habría de venir o si tenía que esperar por otro. No creas que eres una persona indigna de Jesús porque en un momento de prueba tu humanidad te haga dudar un poco o mucho. Recuerda que tenemos a un Dios poderosísimo que entiende nuestra humanidad y nos dice como a Pablo en otro momento: "Bástate mi gracia porque mi poder se perfecciona en la debilidad" (2 Corintios 12:9). Es posible que dudemos, pero en momentos así es que debemos ser imitadores de Pablo como él lo fue de Cristo. Consideremos lo que Pablo y Silas hicieron en medio de la situación en que se encontraban. Lee la Palabra en Hechos 16:25: Pero a medianoche, orando Pablo y Silas, cantaban himnos a Dios; y los presos los oían.

Es posible que recordaran que Dios habita en la alabanza de su pueblo. Es probable que recordaran que cuando Jehová envió a Josafat en contra de sus enemigos no le ordenó que pusiese a los escuderos, a los lanceros, ni a los arqueros al frente, sino que enviara a los levitas, los cantores y los músicos. Afirma la

Amados, hay veces en que tú y yo estamos en unas prisiones tan malas que es posible que nuestra fe flaquee.

Palabra que cuando comenzaron a levantar alabanza a Jehová, los enemigos de Israel se mataron unos a otros. Fíjate amado lector, el diablo no quiere que sepas eso porque él sabe que, como dice el corito, "cuando el pueblo del Señor alaba a Dios suceden cosas maravillosas". Y estoy seguro que muchos han tenido tales experiencias. El enemigo de las almas recuerda a un pueblo confrontando una situación difícil que cuando clamó a Dios derrumbó las murallas de Jericó. El enemigo no olvida que el pueblo de Jehová recibió la victoria.

La alabanza en la boca de los redimidos del Señor evoca la presencia de Dios en medio de nuestras "prisiones", de modo que las rejas se abren dándonos libertad. Eso me ha sucedido muchas veces en mi caminar con el Señor, y aunque a menudo se me olvida, mi Abba Padre envía a alguien a recordármelo. Es entonces cuando vuelvo a poner en uso mi fianza y comienzo a alabar a Dios. Él me escucha y abre los barrotes entre los que el enemigo me tiene cautivo.

Sin embargo, si miramos más de cerca la historia de Pablo y Silas en la cárcel de Filipos, hallaremos otro principio poderosísimo que se puso en práctica. La Palabra no dice que cuando nuestros hermanos oraron y cantaron al Señor solo sus calabozos fueron abiertos. Miremos con un poco de detenimiento estos versículos.

Hechos 16:25-26 afirma: Pero a medianoche, orando Pablo y Silas, cantaban himnos a Dios; y los presos los oían. Entonces sobrevino de repente un gran terremoto, de tal manera que los cimientos de la cárcel se sacudían; y al instante se abrieron todas las puertas, y las cadenas de todos se soltaron.

No solo se abrieron las puertas de Pablo y Silas, sino las

de todos los que estaban presos. Quiero que entiendas que es muy posible que los únicos que estaban en la cárcel de Filipos y que conocían a Jesús como su Salvador fueran Pablo y Silas pero, por amor a ellos, Dios abrió las puertas de todas las celdas, aun las de los inconversos. Es probable que tengas muchos familiares y seres queridos en prisiones de incredulidad y que por utilizar tu fianza —"la alabanza"—, en medio de tu prueba, no solo tus cadenas sean desechas sino que las de ellos y sus puertas también sean abiertas, dándoles la oportunidad de salir y permitir que Cristo les traiga la libertad completa y la salvación a sus almas.

POR ESO ES QUE TE RETO A QUE NO TE AMEDRENTES, SIGUE REGANDO LA SEMILLA DE LA SALVACIÓN AUNQUE EL ENEMIGO TE PONGA TRAS BARROTES. "SOLO SERÁ POR DIEZ DÍAS, YA QUE TENEMOS LA FIANZA.

Creando nuevas inquietudes...

- ¿Has recibido tu llamado macedónico? ¿Qué has hecho con él? ¿Qué ramificaciones ha tenido?

- ¿Te has encontrado tras barrotes por aceptar el llamado que Dios ha puesto en tu corazón? ¿Cómo has lidiado con esa experiencia? ¿Te ha flaqueado la fe?

- ¿Has subido la "música" espiritual aunque el diablo se moleste? ¿Qué efecto ha tenido tu atrevimiento?

- ¿Te has dado cuenta del poder de la alabanza en tus labios?

- ¿A cuántos has afectado cuando, en la peor de tus prisiones, alabas a Dios? ¿Has visto cómo sus cárceles también han sido abiertas a causa de tu alabanza? ¿Cuántos de esos "presos" ha tocado el Señor por tu fidelidad?

Un toque final...

Recuerda: El diablo está enojado porque él era quien dirigía el coro angelical de adoración a nuestro Dios. Pero, ahora, ese trabajo nos lo dio Dios a nosotros y es en nuestros labios que se encuentra la adoración a Él. Es esa adoración la que constituye tu "fianza".

Capítulo

10

Algunos "cierran la puerta, botan la llave y se quedan dentro"

Dicen que no hay peor sordo que el que no quiere oír, ni peor ciego que el que no quiere ver. Yo te digo que no hay peor preso que el que, viendo la puerta abierta, se pone los grilletes y se queda en su prisión.

Veamos la historia de Carlos.

Carlos era un joven apuesto que contaba con 35 años de edad. Tenía una maestría en economía y un doctorado en leyes. Le encantaba leer y en su tiempo libre había escrito algunos cuentos cortos y varios ensayos. Sus escritos eran de tan buena calidad que algunos habían sido publicados. La interrogante que tenían todas las personas que conocían de Carlos o que le habían entrevistado era la misma: "¿Por qué este hombre, con tantos recursos, había vivido la mayoría de su vida "institucionalizado"? Había pasado gran parte de su niñez y toda su adolescencia en hogares residenciales para jóvenes y casi todos los años de su vida adulta en distintas cárceles, tantos locales como federales. En varias ocasiones fue dejado en libertad por cumplir con el tiempo determinado o por su buena conducta. No obstante su tiempo fuera de las instituciones era limitado y Carlos siempre encontraba "formas" para regresar al lugar que conocía y donde se sentía seguro, "la institución".

En todos mis años de experiencia en el campo de la salud mental he trabajado con personajes como Carlos. Personas que han pasado tantos años en diversas instituciones que han hecho de esos lugares "su ambiente". Es el sistema que les provee seguridad, constancia, estructura y una "familia" con la cual pueden identificarse. Un núcleo social en el que no son rechazados por no cumplir con todos los parámetros que la sociedad en general exige. Para Carlos es una situación "cómoda". Aunque difícil de entender, la institución le traía "paz" a su vida. Él se sentía en tal paz que, como describí anteriormente, había alcanzado un número de metas que a lo mejor en "libertad" no habría logrado.

En los últimos años he trabajado con jóvenes que pasan cierto tiempo en nuestro residencial. La gran mayoría desea regresar a sus hogares y está en nuestra institución más o menos un año. Pero he trabajado con algunos que cuando llega el momento en que el equipo de profesionales que está a cargo de su tratamiento decide que el joven está listo para ser enviado a un nivel de tratamiento menos estructurado, comienza a presentar cierto tipo de regresión en su comportamiento y sus síntomas. Muchas veces al preguntarles si quieren ser dados de alta, estos jóvenes son rápidos para decir que sí, pero con sus acciones están gritando que no desean moverse del lugar que consideran su "nicho" seguro para seguir desarrollándose.

Nosotros describimos a esos jóvenes o adultos como individuos que están "institucionalizados". Quiero que entiendas que no todas las instituciones son negativas. Al contrario, la mayoría de ellas son positivas: el ejército, el matrimonio, los niños escucha, etc. Estoy hablando de instituciones restrictivas como cárceles, instituciones juveniles, hospitales siquiátricos para pacientes crónicos, etc. La persona "institucionalizada" comienza a incorporar las normas y estructuras de la institución y visualiza su vida solamente a través de ese prisma. La realidad de esas personas se limita al ambiente de las instituciones. Por eso es que, aun cuando Carlos tenía varios grados universitarios con los que fácilmente podía encontrar un buen trabajo en la comunidad, prefería seguir como "huésped" de las instituciones. Aunque sus ingresos fueran extremadamente escasos y no alcanzara las metas que hubiese podido lograr viviendo en la comunidad.

La persona "institucionalizada" comienza a incorporar las normas y estructuras de la institución y visualiza su vida solamente a través de ese prisma.

En el pasado, este fenómeno prevalecía más porque se entendía que el instrumento más eficaz para lidiar con personas que necesitaban tantos recursos era "la institución". Gracias a Dios que nuestra sociedad ha ido cambiando y que luego de muchos estudios que determinaron cuán nocivo es para el ser humano estar "institucionalizado" se empezó a dar más énfasis y recursos para ayudar a esa población de manera ambulatoria.

Por ejemplo, hoy en día la mayoría de las personas con problemas de salud mental son tratadas en las comunidades y no en un hospital. Vemos cómo cada vez más hay programas integrales en la comunidad que se encargan de ayudar a quienes en el pasado habrían estado años en una institución. Por lo general, las personas que han sido institucionalizadas comienzan a presentar una sintomatología característica de su condición.

Esta dinámica también existe en el campo espiritual. En el capítulo anterior les describía cómo —cuando Pablo y Silas fueron presos en Filipos y clamaron a nuestro Dios— su celda fue abierta. Pero la Sagrada Escritura no se limita a decir que solo fue la celda de Pablo. Hechos 16:26 declara lo siguiente: "Entonces sobrevino de repente un gran terremoto, de tal manera que los cimientos de la cárcel se sacudían; y al instante SE ABRIERON ***TODAS*** LAS PUERTAS, Y LAS CADENAS DE ***TODOS*** SE SOLTARON". Me hubiese gustado estar en ese lugar y ver lo que estaba sucediendo. Solo me puedo imaginar cuántos de los presos por diversas razones se quedaron en su celda y no salieron cuando tuvieron la oportunidad de ser libres. Solo me puedo preguntar: "¿Qué les haría quedarse presos?"

Es posible que no salieran por temor a lo que había sucedido, por temor a que si los atrapaban de nuevo la sentencia iba a ser peor, o por temor a los latigazos que iban a recibir. También es probable que no salieran porque no tenían a dónde ir, porque al menos en la cárcel tenían un suelo seguro donde descansar y comida diaria (aunque no la mejor). Es posible que ya estuvieran tan acostumbrados a "su celda" que se les había convertido en su medio ambiente.

¿Cuántas veces vemos personas a las que el Señor ha libertado, les ha quitado las cadenas, les ha abierto las puertas de sus "celdas" y que deciden quedarse en estas y hasta se ponen sus "grilletes espirituales" nuevamente? Algunos de ellos dirían: "¿Para qué estar libre, si eso solo durará un corto tiempo y volveré a fallar y terminaré preso de nuevo?" Es posible que la excusa que usen sea: "Me lo merezco". Muchas personas andan atadas a la culpabilidad por errores o pecados del pasado. Pecados que ya Dios ha perdonado. Se olvidan que Dios ha echado sus pecados al fondo del mar para nunca más acordarse de ellos. Algunos hasta se convierten en submarinistas, en cierta especie de buzos, y se zambullen a recoger sus faltas para continuar diciéndose a sí mismos: "Es que me lo merezco".

Lo que hacen es racionalizar un comportamiento que no va acorde con lo que está escrito en las Sagradas Escrituras. Jesús declaró sin duda alguna: "Así que, si el Hijo os libertare, seréis verdaderamente libres" (Juan 8:36). Así que tenemos que imitar a la mujer samaritana cuando se encontró con Jesús en el pozo de Jacob. Ella llevaba tiempo en una prisión mental debido a su comportamiento y sus malas decisiones.

Muchas personas andan atadas a la culpabilidad por errores o pecados del pasado.

Por eso quiero que tú y yo consideremos esta porción bíblica por un momento. La Palabra dice que Jesús se encontró con la mujer. Ella tenía un cántaro para recoger agua del pozo. Es probable que me digas que era costumbre que las mujeres buscaran agua en el pozo, con lo que yo estaría de acuerdo. El problema es que esa mujer estaba buscan-

Era más fácil para la "mujer samaritana" acostumbrarse a las incomodidades de su "celda" que tratar de salir de ella.

do agua a la "hora sexta", que serían como las doce del mediodía. Esa mujer estaba cargando un cántaro en la hora más caliente del día; no temprano en la mañana, como las demás mujeres solían hacer. Me pregunto yo: ¿Qué haría a esa mujer pasar por tal vicisitud? ¿Por qué no ir temprano en la mañana y no solo evitar la incomodidad del sol y el calor, sino que también podría haber compartido con las demás mujeres?

Una respuesta posible es que andaba "presa" de su propia mente. Es posible que en el pasado ella buscara agua del pozo a la hora más apropiada, pero también es probable que las demás mujeres estuvieren murmurando de "la samaritana" por sus fallas y sus pecados. Todos sabemos que había tenido cinco maridos y que ahora estaba con un hombre que no era su marido. La Palabra no entra en mayor detalle sobre el carácter o lo demás que había pasado en la vida de esa mujer. Pero por su comportamiento, vemos que continuaba presa; y sabrá Dios cuántas veces se habría dicho a sí misma: "Me lo merezco".

Era más fácil para la "mujer samaritana" acostumbrarse a las incomodidades de su "celda" que tratar de salir de ella. Lo que veía como su "celda" eran los acosos de las otras mujeres y no las consecuencias naturales de sus pecados. Eso queda claro cuando Jesús le dijo que si bebía del agua que Él le daba, no iba a tener sed más. La mujer samaritana le responde: "Dame esa agua, para que no tenga yo sed, NI

VENGA AQUÍ A SACARLA". Inicialmente ella no estaba buscando una verdadera libertad. Ella no quería seguir expuesta a lo que vería como su problema: las otras personas. Pero qué clase de enseñanza nos da esta mujer cuando se encontró con la verdad en Cristo. Dejó ir el cántaro y fue a decirles a otros en su aldea lo que había sucedido. Ella, que a lo mejor en el pasado andaba por su aldea "cabizbaja" por la "prisión" en que se encontraba, ahora iría con la cabeza en alto declarando que era posible que hubiera tenido un encuentro con el "Cristo" que todos esperaban.

Cristo la puso en libertad y ella decidió soltar su cántaro y salir de la prisión. La mujer samaritana rehusó quedarse detrás de los barrotes. Dejó de usar su excusa —"Me lo merezco"—, y recibió el "agua que salta para vida eterna" como su fianza. Ya es tiempo de que te percates de que Jesús pagó tu fianza y que no debes continuar buscando excusas para quedarte en tu "cárcel" cuando las puertas han sido abiertas. Es tiempo que vivas la plenitud que ha sido preparada para ti.

Creando nuevas inquietudes…

- ¿Conoces a alguna persona que haya sido institucionalizada? ¿Qué cambios en su carácter y conducta ha cambiado por su condición?

- ¿Te has encontrado en una "cárcel" espiritual y por poner excusas se te ha hecho difícil salir de ella? ¿Cómo lograste finalmente andar en libertad?

- ¿Qué excusas has utilizado para mantenerte preso? ¿Cuántas de esas excusas diste por la opinión de, o lo que te decían, otras personas?

- ¿Cuántas personas hay en tu vida que pudieran ser tu "carcelero" debido a que siempre están hablando "muerte" y no la libertad que existe en Cristo? ¿Qué has hecho para lidiar con ellos?

- ¿Qué aspecto de tu conducta y personalidad cambió mientras estabas en tu "cárcel"? ¿Te distes cuenta tú mismo o el Señor utilizó a otros para que te aclarasen tu condición?

Un toque final...

Recuerda: Hubo un famoso viernes en el que nuestro Salvador declaró, desde un madero: "Consumado es". Con esa declaración el Señor nos abrió todas las puertas a aquellos que decidamos aceptarle. Por tanto, sal de tu prisión porque ya Él te hizo libre.

Capítulo

11

No interrumpas el fluir

Las llamas no menguan porque poseas mucha agua.
Sino porque esta logra llegar al lugar necesitado.
Tenemos que aprender a no interrumpir ese proceso.

En este libro he tratado de compartir con todos ustedes los principios o pasos a seguir cuando nos encontramos frente a una situación que pretende amedrentarnos. Hemos estado considerando la historia bíblica que se encuentra en el cuarto capítulo de 2 Reyes. Ya hemos discutidos principios o verdades como: "La mente es de Dios", "Él te guarda un ladito", "Él promete y cumple", "Lo poco en las manos de Dios es suficiente", etc. Ahora quiero que miremos de cerca el versículo seis de la historia de "el aceite de la viuda" en el capítulo antes mencionado. La palabra lee así: "Cuando las vasijas estuvieron llenas, dijo a un hijo suyo: Tráeme aun otras vasijas. Y él dijo: No hay más vasijas, entonces cesó el aceite".

Cuando leo la Palabra de Dios, las escrituras se tornan vivas en mí, el *logos* se convierte en *rhema*. Mientras iba leyendo ese capítulo, entendí que el aceite que estaba llenando las vasijas era tipo de la unción del Espíritu Santo. Y como yo soy de los cristianos que desea mucho más de mi Señor cada día, o sea que mi relación con Él tiene que ser mayor hoy que ayer, que desea más y más de su unción, cuando llegué a esta parte y leí: "cesó el aceite", mi primera reacción fue decirme a mí mismo: "¿Cómo que cesó el aceite? Yo quiero más cada día. Yo no quiero que cese". Entiendo que es necesaria esa unción para hacer cualquier cosa en el reino de Dios. La Palabra afirma con claridad que es la unción la que pudre el yugo.

Jesús comenzó su ministerio luego de recibir unción del Espíritu Santo. Tras ser tentado en el desierto, el Señor fue a Nazaret y dice la Escritura en el Evangelio según San Lucas que "El Espíritu del Señor está sobre mí, por cuanto me ha ungido". Comprendo que Jesús estaba leyendo lo que el profeta Isaías había escrito, pero luego declaró: "Hoy se ha cumplido esta escritura delante de vosotros". El Maestro sabía que había recibido la unción para ser utilizado por su Padre en el ministerio para el cual vino a morar entre nosotros.

Esa unción es tan importante que Jesús les dijo a sus discípulos que se mantuviesen en Jerusalén hasta que fuesen investidos con poder de lo alto. Estaba hablando del derramamiento del Santo Espíritu que dio comienzo a la Iglesia y al ministerio individual de sus discípulos y al de todos los demás creyentes que iban a formar parte de la "Iglesia del Señor".

El problema reside en que algunas veces tendemos a interrumpir el fluir de esa unción a través de nosotros, que somos los vasos escogidos por Dios para hacer la obra del reino en este tiempo. Para demostrar esta dinámica emplearemos el sistema circulatorio del ser humano. La Palabra de Dios nos dice en Levítico 17:11: "Porque la vida de la carne en la sangre está". Es interesante observar lo escrito sobre la increíble necesidad de la sangre para el bienestar y supervivencia de los seres humanos. Sabemos que entre otras cosas, y expuesto de manera simple, la sangre lleva nutrientes y oxígeno a las células y transporta productos indeseables de las células para que sean expedidos del cuerpo.

Algunas veces tendemos a interrumpir el fluir de esa unción a través de nosotros.

Quiero que entiendas que puedes tener la "mejor" sangre del mundo y mucha, pero si la sangre no llega a las células de nada nos sirve. Es como la gasolina y el motor de un automóvil. Podemos tener el tanque lleno con gasolina del mejor octanaje. Pero si no llega al motor, el auto no va a caminar. La sangre no llega a las células ni la gasolina al motor a menos que tengamos un sistema de "tubos" que la transporte. No solamente tenemos que contar con ese sistema de "tubos", sino que estos TIENEN que estar LIMPIOS. Si existe una obstrucción, la gasolina no llega al motor ni la sangre a las células. Todos sabemos lo que sucede cuando —debido a que nuestras arterias no están limpias—, la sangre no llega al músculo cardíaco: tenemos un infarto, un efecto nocivo, porque hemos permitido interrumpir el flujo de la sangre. El mismo problema sucede cuando interrumpimos el fluir de la unción del Espíritu Santo a través de nosotros.

Quiero establecer claramente que somos nosotros los que interrumpimos el fluir de la sangre y de la unción. Fíjate, hermano, que la Palabra no dice: "No permitan que te apaguen el Espíritu". En 1 Tesalonicenses 5:19 nuestro hermano Pablo escribe: "No apaguéis al Espíritu". O sea, que nosotros somos los que tenemos en nuestras manos el poder para apagar o no al Espíritu. Al igual que "bloquear" el fluir de nuestra sangre por las arterias está en nuestras manos. Es importante no apagar el Espíritu porque de la misma manera que la Biblia dice en Levítico que la sangre es la vida, en el Nuevo Testamento leemos que "El espíritu es el que da vida" (Juan 6:63). Sabemos que el espíritu humano, el del creyente, está controlado y guiado por el Espíritu Santo; por ende, entendemos que del Santo Espíritu proviene la vida.

Nosotros somos los que tenemos en nuestras manos el poder para apagar o no al Espíritu.

Una de las formas en que interrumpimos el fluir es llenando el vaso de lo que no debemos. Lo "alimentamos" con comida que no nutre. Veamos mi caso particular. Hace unos años fui a ver a mi doctor que, después de analizarme encontró entre "muchas" otras cosas que mi colesterol, los triglicéridos y otros valores de mi sangre estaban un tanto fuera de control. Me dijo "un tanto" para no ser muy rudo conmigo. Pero, como soy médico, sé que no estaban "un tanto" sino "muy" descontrolados. Mi doctor no solo me recetó medicamentos, sino que entró en una extensa conversación conmigo para que yo comprendiera (como si no lo supiera) que varias de las "cosas" con las que yo estaba "alimentando" mis arterias estaban haciendo que se formaran placas arterioescleróticas que iban a bloquear el fluir de la sangre a distintas partes del cuerpo.

Me dio un inmenso dolor en el "alma". Iba a tener que dejar de nutrir mis arterias con alimentos tan ricos como el cuerito del lechón bien tostado, salchichón, mantecado y otras cosas que eran muy buenas para mis papilas gustativas pero no para mis arterias. Se acabaron los rellenos, los pastelillos, las alcapurrias y el bizcocho "Sara Lee" con una batida de leche a las diez de la noche. Creo que esa conversación es una de las más tristes que he tenido en mi vida, aunque sé que mi doctor tenía toda la razón. Si yo quería proteger el sistema que mantenía vivo el resto de mi cuerpo para gozar las maravillas de Dios, iba a tener que cambiar ciertos hábitos alimenticios. Quiero que entiendas que, aunque fue difícil, lo pude lograr con la ayuda de Dios, mi esposa, mi familia y mi secretaria Leslie, que no permitía a los propagandistas médicos traerme "donas, bizcochos y otras golosinas". Solo les permitía que me dieran uvas.

Tratamos de mantener nutrido nuestro "vaso" espiritual con "comida" del mundo natural.

Lo mismo sucede con nuestro espíritu. Tú y yo no podemos alimentar al espíritu con el alimento equivocado. Tratamos de mantener nutrido nuestro "vaso" espiritual con "comida" del mundo natural. Con alimentos que le gustan al "cuerpo y al alma"; alimentos que entran a través de nuestros sentidos, pero que no son nutritivos para el espíritu. Recuerda que el hombre es un ente tripartito: espíritu, alma y cuerpo. Cuando inundamos nuestro ser de actividades que solo estimulan nuestros deseaos carnales, nuestros instintos, nuestro intelecto, nuestros impulsos, emociones, etc., no solo estamos dejando al espíritu sin ser alimentado, sino que lo sustentamos con "comida" que no es "nutritiva" para él.

Así que, para que seas un vaso espiritual limpio y permitas que la unción fluya a través de ti, tienes que darle alimento "vivo" al espíritu. Una semejanza viene a mi mente y es la diferencia entre el buitre y el águila, ambas clasificadas como de rapiña. Una ave de rapiña es lo que se conoce como un ave de presa o también rapaz; estas aves cazan a sus presas desde pleno vuelo, gracias a su desarrollada visión; y capturan a sus víctimas usando su pico que es curvado y afilado, o con sus garras, las que también son afiladas y muy fuertes, especialmente diseñadas para la caza. Entre las aves de rapiña conocidas encuentras a las águilas, los gavilanes, los halcones, los búhos y las lechuzas. A veces el término "rapaz" se usa exclusivamente para las aves de presa diurnas, aunque en estricto rigor sirve para denominar a todas esas aves.

Aunque el buitre es clasificado como ave de rapiña, se alimenta de animales que están muertos. Esas aves comen carne que ya se ha echado a perder y que está podrida. Si observas, no tienen plumaje en su cuello. Eso es para que cuando introduzcan su cabeza dentro de la presa muerta, no se atoren al sacarla. Lo que ingieren son los huesos del animal muerto.

En cambio el águila se alimenta de presas que están vivas. Cuando llega el viento, el buitre se esconde en un árbol o cueva para evitar ser destruido. El águila, por su parte, cuando llega el viento que podría destruirle, no se esconde sino que se remonta por encima de la tempestad y utiliza el viento para aumentar la velocidad de su vuelo.

Tú y yo tenemos que alimentarnos de comida viva para

que —cual águila— cuando lleguen las "tormentas" a amedrentarnos, podamos volar por encima de ellas y superar lo que nos quiere limitar como vasos ungidos y poderosos en Dios. Esa comida viva que necesitamos es la Palabra de Dios, la cual va a mantenerte limpio o "patente" como vaso suyo que eres y podrás ser utilizado por el Señor.

Otra forma en que limitamos el fluir de la unción del Espíritu Santo se encuentra ilustrada en la Palabra de Dios. Observa lo que afirma Mateo 25:14-30: *Porque el reino de los cielos es como un hombre que yéndose lejos, llamó a sus siervos y les entregó sus bienes. A uno dio cinco talentos, y a otro dos, y a otro uno, a cada uno conforme a su capacidad; y luego se fue lejos. Y el que había recibido cinco talentos fue y negoció con ellos, y ganó otros cinco talentos. Asimismo el que había recibido dos, ganó también otros dos. Pero el que había recibido uno fue y cavó en la tierra, y escondió el dinero de su señor. Después de mucho tiempo vino el señor de aquellos siervos, y arregló cuentas con ellos. Y llegando el que había recibido cinco talentos, trajo otros cinco talentos, diciendo: Señor, cinco talentos me entregaste; aquí tienes, he ganado otros cinco talentos sobre ellos. Y su señor le dijo: Bien, buen siervo y fiel; sobre poco has sido fiel, sobre mucho te pondré; entra en el gozo de tu señor. Llegando también el que había recibido dos talentos, dijo: Señor, dos talentos me entregaste; aquí tienes, he ganado otros dos talentos sobre ellos. Su señor le dijo: Bien, buen siervo y fiel; sobre poco has sido fiel, sobre mucho te pondré; entra en el gozo de tu señor. Pero llegando también el que había recibido un talento, dijo: Señor, te conocía que eres hombre duro, que siegas donde no sembraste y recoges donde no esparciste; por lo cual tuve miedo, y fui y escondí tu talento en la tierra; aquí tienes lo que es tuyo. Respondiendo su señor, le*

Si tú, como yo, deseas una porción mayor y nueva de la unción del Santo Espíritu todos los días: TIENES QUE UTILIZARLA.

dijo: Siervo malo y negligente, sabías que siego donde no sembré, y que recojo donde no esparcí. Por tanto, debías haber dado mi dinero a los banqueros, y al venir yo, hubiera recibido lo que es mío con los intereses. Quitadle, pues, el talento, y dadlo al que tiene diez talentos. Porque al que tiene, le será dado, y tendrá más; y al que no tiene, aun lo que tiene le será quitado. Y al siervo inútil echadle en las tinieblas de afuera; allí será el lloro y el crujir de dientes.

Fíjate, amado lector, la manera en que nuestro Señor nos enseña claramente lo que debes hacer si tú, como yo, deseas una porción mayor y nueva de la unción del Santo Espíritu todos los días: TIENES QUE UTILIZARLA. Muchas veces he encontrado personas que han utilizado el dicho: "Lo que no se usa se pierde", para decirme que tengo que poner en acción un talento u otro. Ya sea en el deporte, en la escuela, en las relaciones, etc. No sé quién inventó ese refrán, el que lo hizo a lo mejor leyó la historia mencionada del amo, sus siervos y los talentos, pero es un "decir" con mucha verdad.

Los fisiculturistas son los primeros que te dicen que debes ejercitar, "continuamente", los músculos que deseas mantener en forma porque si no la pierden. Los neurólogos son rápidos explicándoles a las personas que han tenido un derrame cerebral la importancia de comenzar a utilizar distintos músculos y ligamentos para que no se atrofien. Lo mismo sucede con nuestro cerebro. Si quieres darle "alimento" a tu "mente", ejercítala todos los días. Este mismo principio puede aplicarse a nuestra realidad espiritual.

Escuché a un predicado decir, una vez: "Si deseas que Dios te sane una enfermedad, debes ir por los hospitales a orar por los enfermos. Quién sabe si mientras intercedes por ellos, la unción que fluye a través de ti para sanarles, TE SANA A TI TAMBIÉN". Recuerdo que me dije a mí mismo: "Uao, qué tremendo". Y empecé a decirles lo mismo a otras personas. No solo a los que necesitaban sanidad física, sino a los que tenían cualquier necesidad de una intervención del Santo Espíritu. "¿Necesitas paz en tu hogar?, comienza a interceder por la paz en los hogares de otros". En otras palabras, "empieza a invertir las bendiciones que Dios ha depositado en ti como el vaso de honra que eres".

La historia mencionada habla de "talentos". El dueño les puso en las manos a sus siervos algo de valor. Él quería saber qué iban a hacer con "la bendición" que les dio. Vemos cómo dos de ellos entendieron que lo mejor que podían hacer para su amo era invertir "esa bendición" y no esconderla por miedo a "perderla". Lo mismo sucede en el mundo espiritual. Nuestro Dios pone bendiciones en nuestras manos. Y como siervos sabios que somos, debemos entender que a nuestro Dios le interesan las "ganancias". Pero a diferencia del amo de la historia en Mateo 25, la ganancia que nuestro Señor desea es que todo "hombre" sea salvo y que las bendiciones que pone en nosotros como vasos de honra, sean multiplicadas al interceder y bendecir a otros.

Fíjate cómo dos de los siervos se pusieron a trabajar de inmediato. Sabían que su amo les había dado algo de valor y entendían que no debían estar perdiendo su tiempo. Así que utilizaron los talentos para producir más. Nuestro Dios tam-

TODOS los talentos que se encuentran en la iglesia tienen la misma importancia.

bién desea que tú y yo pongamos en práctica, y de inmediato, nuestros dones; quiere que utilicemos los talentos que ha puesto en nuestras manos. No podemos darnos el lujo de analizarlos como lo requieren las leyes del mundo físico. Jesús les dijo a sus discípulos que la mies era mucha y que los obreros eran pocos. Estamos en tiempos muy difíciles en los que el corazón de muchos se ha enfriado y en los que tantos, acobardados por los adelantos y las nuevas "teorías y filosofías", no están recibiendo el bello mensaje del evangelio. No están siendo tocados por la unción del Santo que se encuentra en ti y en mí. Por tanto, no podemos seguir en estado de espera, COMIENZA A USAR LOS TALENTOS QUE DIOS TE HA DADO.

También quiero que observemos otro punto. El que recibió cinco talentos comenzó con el mismo ímpetu y determinación que el que recibió diez. El que recibió cinco, no se puso a quejarse porque no había recibido lo mismo que su consiervo, ni se puso a esperar para acumular los diez antes de comenzar a trabajar, emprendió dinámicamente la labor que tenía en sus manos y en su corazón, dar ganancia a su amo. Tú y yo no podemos esperar a tener "lo mismo que tienen los otros hermanos o hermanas". Tenemos que salir corriendo con lo que Dios ha puesto en nuestras manos y comenzar a producir para el reino. Tenemos que entender que todos somos parte de un mismo cuerpo y, aunque distintos, TODOS los talentos que se encuentran en la iglesia tienen la misma importancia.

Todos son tan importantes que deseo contarles una historia que sucedió en un área de Orlando, Florida. He predicado en la iglesia del pastor Nick Acevedo (gran amigo y hermano mío) un sinnúmero de veces. Hace poco estuve en su congregación y fui recibido en la puerta por una pareja de hermanitos que me hicieron sentir gratamente bienvenido desde que llegué al santuario.

Observé el amor, el gozo, el deseo incansable de servir que brotaba hasta por los poros del hermano Roberto. Se notaba el gozo de su salvación y estoy seguro que muchos ya lo habían notado. Solo Dios sabe a cuántas personas ese hermano habría tocado con la unción que fluía a través de él.

Recuerdo que estaba vestido con un atavío que parecía ser lo que conozco como "traje de hilo". Tenía un sombrero blanco y lucía como si se había "tirado toda la tela". En Puerto Rico, me contaba mi padre, la gente se tiraba la tela los domingos para ir a visitar a la novia. Pero continuemos, ese varón entendía que él era la novia y que iba a la congregación a visitar al "novio de la iglesia", su Salvador, Cristo Jesús.

Sin embargo, aunque es grato ver cómo ese hombre ejercitaba los talentos que había recibido del Señor, no es de él que les quiero hablar o, por lo menos, no del "Roberto" que estaba delante de mi persona en aquel momento, sino del "Roberto" que no conocí cuando fui antes a predicar a esa iglesia, ya que todavía no había aceptado a Cristo como su Salvador. De quien estoy hablando es de la maravillosa persona que, corriendo con mucha prisa, utilizó los talentos que Dios había depositado en sus manos para traer ganancias a su Salvador.

Estoy hablando de una niña de nueve años a la que tuve

el honor de conocer durante una de mis visitas a la Iglesia El Shaddai. Me dice el varón antes mencionado y la niña, que ahora cuenta con 26 años de edad, que mientras oré por ella, entendió que el Señor le estaba diciendo que tenía que ir predicarle a su padre.

Observa, amado lector, los talentos y dones que Dios me dio, y con los que le ha placido obrar a través de mi persona, no "tocaron" a Roberto. Pero los que la niña recibió fueron inmediatamente invertidos en el "mercado accionario divino". Tú y yo sabemos que en el reino de Dios las "acciones" pagan cien por uno. Lo que Zaira Yannellis invirtió produjo gran dividendo.

Seamos unas "vasijas" dinámicas en el reino de Dios.

Ella no esperó llegar a ser adulta, ni ir a estudiar teología en el instituto ni predicar en distintas partes del mundo. Corrió con los talentos que Dios puso en sus manos, sin mirar los que había en otras manos, y comenzó a utilizarlos. Hoy nos regocijamos viendo el fruto del hermoso atrevimiento que tuvo aquella niña al ir con "pocos" talentos contra del reino de Satanás y servir como el vaso lleno de la unción del Espíritu Santo que iba a traer a su "papi" del mercado de esclavos a la libertad y el gozo que hay en Cristo Jesús.

Estoy seguro que, como esta, existen innumerables historias alrededor del mundo. Historias que nos aumentan la fe y que nos impulsan, o nos deben impulsar, a utilizar nuestros talentos de inmediato y agresivamente para continuar trayendo ganancias al Señor de nuestra casa, a nuestro Salvador.

Si queremos más y más de su unción tenemos que utilizarla. La Biblia afirma con suma claridad: "Sobre poco has sido fiel, sobre mucho te pondré". Pero al que no utilice la unción del Espíritu, le puede suceder lo que le ocurrió al siervo "malo y negligente", que hasta lo poco que tenía le fue quitado. Es tiempo de que tú y yo mantengamos el fluir de la unción del Santo Espíritu activa y que seamos unas "vasijas" dinámicas en el reino de Dios para que cuando venga el "enemigo", a tratar de amedrentarnos, podamos poner en práctica lo que "está escrito" en Isaías 59:19: *Y temerán desde el occidente el nombre de Jehová, y desde el nacimiento del sol su gloria; porque vendrá el enemigo como río, mas el Espíritu de Jehová levantará bandera contra él.*

El fluir continuo de esa preciosa unción nos da la victoria en cualquier circunstancia.

Creando nuevas inquietudes...

- ¿Alimentas tu espíritu con alimento vivo o muerto? ¿Utilizas comida muerta porque es más accesible a tu vida que la comida viva?

- ¿Has podido notar cuando estás interrumpiendo el fluir de la unción a través de ti?

- ¿Te sientes seguro o inseguro de los talentos y dones que Dios ha depositado en ti? Si te sientes inseguro, ¿Qué te ha llevado a pensar eso?

- ¿Se te hacía más fácil "salir corriendo" a invertir tus dones a favor del Reino de Dios cuando eras más "niño" en el Señor?

- ¿Has sentido que tu don es muy "pequeño" y tienes que dejar que crezca o que necesitas ser como "otros hermanos" antes de utilizarlos?

- ¿Qué te impide imitar a Zaira Yannellis para utilizar tus dones así, tocar a todos tus seres queridos y traerles al camino de la salvación?

un toque final...

Recuerda: Hay demasiadas vidas que están siendo consumidas por las llamas de los dardos de fuego que el diablo lanza sobre ellos. Tú y yo tenemos el agua, la unción del Santo Espíritu, para apagar ese fuego y traerles a la paz en Cristo Jesús, ¡NO INTERRUMPAS EL FLUIR!

Capítulo

12

Paga lo que debes

¿De qué te valen todos los tesoros que recibes si no los utilizas para traer paz a tu vida?.

Una vez que Dios hiciera el milagro y llenara todas las vasijas en casa de la viuda, conforme a lo que Eliseo le había encomendado, faltaba un paso para que no volviese a dejarse amedrentar. Ella tenía que pagar sus deudas. Eliseo le dijo muy claro en 2 Reyes 4:7, lo siguiente: "Ve y vende el aceite, y paga a tus acreedores". Eliseo no deseaba que las circunstancias continuaran amedrentando a la viuda ni a sus hijos.

Recuerdo una vez que varios hermanos estábamos "prestando nuestras vasijas" a una linda pareja de la congregación. La tormenta que estaba amedrentando a esos hermanos era que, aunque tenían un deseo increíble de asistir a la iglesia, no tenían un vehículo y se les hacía muy difícil moverse porque donde vivían la transportación pública no era la mejor.

Como buenos soldados de Cristo, ellos dieron los pasos que hemos mencionado en este libro; sabían a dónde ir, fueron ante su Dios como sus hijos, les pidieron prestadas

El "arma" que Dios les proveyó para derrumbar la "tormenta" y poder asistir a la iglesia se estaba utilizando para TODO menos para lo que la pidieron.

vasijas a sus hermanos en Cristo y Dios les "llenó sus vasijas de aceite". Por intervención divina, una persona les regaló un vehículo, ¡gloria a Dios! Ahora tenían con que derrotar la tormenta de la "inmovilidad". Le podían decir a esos vientos: "Cállate y que reine la paz". Verdaderamente Dios había obrado en forma especial.

Sin embargo, llegó el día de culto y no vimos a los hermanos. Continuaron pasando los días y, como no los veíamos, decidimos hacerles una llamada telefónica. Queríamos estar seguros de que todo marchaba bien y que nada serio les hubiese pasado. Lamentablemente, algo serio había ocurrido. Como ahora tenían vehículo, los hermanos permitieron que su itinerario se les llenara de un sinnúmero de actividades.

El "arma" que Dios les proveyó para derrumbar la "tormenta" y poder asistir a la iglesia se estaba utilizando para TODO menos para lo que la pidieron. ¿Cuántas veces vemos con tristeza cómo se repite una y otra vez esa historia? Cuando pudiésemos estar viviendo en la paz que nuestro Dios ha deseado para nosotros, por no "pagar lo que debemos", tenemos que seguir mirando y experimentando tales tempestades.

En mi práctica como siquiatra he encontrado que una de las razones frecuentes por la que personas llegan a mi oficina es porque se sienten ansiosos. Entre los factores de mayor ansiedad están nuestras obligaciones, especialmente cuando se nos hace difícil cumplir con ellas. No estoy hablando solo de obligaciones económicas. Como seres humanos tenemos un sinnúmero de deberes. Unos son de origen social y otros de origen personal.

Al no lidiar con nuestras "tormentas", estas se pueden convertir en un huracán aumentando el grado de ansiedad y disminuyendo el nivel de paz.

Por ejemplo, cuando aceptas una licencia de conducir automóviles, estás dando por sentado que es TU OBLIGACIÓN conducir conforme a la ley. Así que no debes manejar tu auto a una velocidad mayor a la permitida. Si no cumples con tu obligación vas a tener el privilegio de conocer de cerca a los policías en las autopistas y a los jueces en los tribunales, ya que vas a ser el invitado especial a una cita en la que tendrás que cumplir con OTRA OBLIGACIÓN: pagar la multa.

¿Cuántas veces, teniendo las herramientas para cumplir con nuestras obligaciones, no lo hacemos? Al no lidiar con nuestras "tormentas", estas se pueden convertir en un huracán aumentando el grado de ansiedad y disminuyendo el nivel de paz en tu vida y la de los que están a tu alrededor. Eso no es lo que tu Dios desea para ti. Jesús dijo: "La paz os dejo, mi paz os doy; yo no os la doy como el mundo la da" (Juan 14:27). Nuestro Señor desea que andemos en su paz y nos provee los mecanismos para navegar en dicha paz. Pero, a veces, tú y yo utilizamos sus bendiciones para todo menos para mantener nuestra paz.

Muchas veces nos sucede como a la pareja que les conté anteriormente. Recibimos bendiciones para un plan y un propósito específico de nuestro Dios y recanalizamos la bendición hacia planes que no concuerdan con los divinos. Necesitamos recordarnos continuamente que nuestra ciudadanía no es de este mundo y que aunque vemos el producto en el mundo natural, nuestra lucha es en el dominio espiritual. El general que conoce ese campo de batalla es nuestro Señor. Por ende, cuando provee solución específica para una problemática que estamos viviendo es porque conoce el mañana desde el hoy y quiere evitarnos más dolores de cabeza.

Permíteme tratar de explicar esta dinámica con un relato. Uno, que aunque inventado por este servidor, puede ser el de tantas personas que tú y yo conocemos.

Josué contaba con solo diez años cuando fue llevado por primera vez a una iglesia. Su vecina, doña Inés, lo invitó para que fuese con sus tres hijos, que eran amiguitos de Josué. Él pasaba mucho tiempo en casa de doña Inés ya que en la suya la "paz" escaseaba. Su padre era un alcohólico y su mamá siempre estaba deprimida. Josué tenía varios hermanitos, todos menores que él, por lo que muchas veces le tocaba ser el "adulto", "proveedor" y "protector" en su hogar. Josué huía de su triste realidad visitando a sus amigos. Había hecho de doña Inés su "madre postiza" y afirmaba que se sentía tranquilo en su casa.

Doña Inés había invitado a Josué a la iglesia a la que asistía un sinnúmero de veces, pero el padre de este no se lo permitía. Es más, lo había verbalizado en varias ocasiones diciendo: "Yo no creo ni en la luz eléctrica". Ese es un refrán, en Puerto Rico, para decir que creemos en muy pocas cosas que no estén bajo nuestro control. Se utiliza también como excusa para no tener que entrar en detalles sobre temas que puedan ser contenciosos.

Por razones que solo Dios sabe, ese viernes Josué recibió autorización de su padre para asistir a la iglesia con doña Inés. Era un culto de niños y Josué estaba maravillado con las decoraciones del templo, ya que era la época de la Navidad. Le encantaron los colores, las flores y hasta el aroma que percibía en la iglesia. Pero de todas las decoraciones, la que más lo impresionó fue la del pesebre. Así que le dijo a doña Inés: "El pastor ha trabajado mucho en esta iglesia". Pero, qué sorpresa se llevó Josué cuando se enteró que quienes decoraron toda la iglesia fueron los niños. La sorpresa fue aun mayor cuando doña Inés le dijo que hasta las figuras del pesebre habían sido creadas por el ministerio infantil.

> **El chico se comportó como "la mujer samaritana", que al conocer a Jesús fue a su aldea a anunciar el gran evento que había experimentado en su vida.**

Josué continuó internalizando todo lo que sucedía a su alrededor durante el culto. Sin embargo, lo que lo conmovió más fue cuando vio la cantata navideña y que el coro que estaba cantando era compuesto en su totalidad por niños y niñas. En ese momento se dijo: "Algún día yo voy a estar cantando en ese coro. Le voy a cantar al niño Jesús".

Josué llegó muy emocionado a su hogar y no podía dejar de contarles a su madre y a sus hermanitos la experiencia que había tenido en la iglesia. El chico se comportó como "la mujer samaritana", que al conocer a Jesús fue a su aldea a anunciar el gran evento que había experimentado en su vida. Deberíamos comportarnos en esa manera todo el tiempo, ya que nuestro "gran evento", nuestra "gran experiencia", tiene que ser una de carácter continuo.

La única persona a quien Josué no le pudo testificar aquella noche fue a su padre, ya que se encontraba en el bar que acostumbraba visitar. Josué sabía que no podía esperar a que su padre llegara esa noche ya que iba a llegar muy tarde y muy intoxicado con alcohol y otras sustancias. Josué esperó al sábado por la mañana y cuando su padre se levantó, comenzó a evangelizarlo para sacarlo de lo que le hacía sentirse bien por un momento —el alcohol y las drogas—, a lo que le iba a hacer sentirse bien permanentemente: Cristo Jesús.

No nos deben extrañar las primeras reacciones de su padre: "Déjame quieto. No quiero escuchar nada de eso. Me duele la cabeza. No necesito a la iglesia. Lo que necesito es una buena cerveza para mi dolor de cabeza". Josué lo dejó quieto en ese momento, pero de vez en cuando buscaba la ocasión para hablarle de Jesús.

Mientras Josué continuaba con su ministerio para evangelizar a su familia en su casa, empezó a incorporarse a las actividades de la iglesia y a participar en el ministerio de los niños. Se inició como ujier y le encantaba la escuela dominical, puesto que aprendía de su nuevo amor. Doña Inés era la persona que actuaba como la madre del chico en la iglesia y se sentía muy orgullosa al ver el crecimiento espiritual de aquel niño que ella había traído a la iglesia.

Josué continuó participando en distintas actividades, incluyendo el coro de niños. Practicaba arduamente para cada canción que el coro interpretara. Aunque se gozaba de todas las participaciones del coro, estaba esperando con muchas ansias a que llegara la época navideña, ya que sabía que los niños iban a cantar y a él nunca se le olvidó la primera vez que vio a los niños cantar alrededor del pesebre.

Llegó el día de la cantata y como Josué ejecutaría un solo, su madre, sus hermanitos y hasta su padre refunfuñando, fueron a verlo cantar. Lo que el chico no sabía era que Dios había orquestado algo mayor para ese día. Un muy conocido promotor de música cristiana se encontraba entre las personas que estaban en la iglesia.

Cuando le correspondió a Josué cantar su solo, no quedó un ojo seco en aquella iglesia. Hasta el padre del pequeño tuvo que buscar su pañuelo. Josué parecía un "ángel" cantándole a su Dios. El promotor quedó tan impresionado con el talento de Josué que inmediatamente después de que se acabó el servicio fue a hablar con Josué y sus padres.

Josué estaba contento por conocer al promotor, pero lo que más llenó su corazón de gozo aquella noche fue ver a su madre y a su padre aceptar a Cristo como su Salvador. En aquel momento Josué no estaba pensando en ninguna grabación ni en que las personas lo conocieran como un gran intérprete de música cristiana. Solo pensaba en que de ahora en adelante iba a ir a la iglesia acompañado de sus padres como muchos otros niños.

Josué comenzó a ir de iglesia en iglesia llevando el ministerio musical que Dios había depositado en sus manos. Dios le dio esa unción que tanto deseaba para traer personas como sus padres al conocimiento de Cristo Jesús. Mientras tanto sus padres continuaban asistiendo a la iglesia y lo acompañaban en su ministerio cuando les era posible.

Josué empezó a grabar y, en el segundo año de su ministerio, fue premiado como uno de los mejores cantantes de música cristiana. Josué continuó creciendo en su ministerio, pero muchas personas querían utilizar el don que Dios le había dado para obtener "otras" ganancias.

Josué contaba con 18 años de edad cuando decidió grabar un disco de música secular. No entendía que hacía algo malo con eso. Su racionalización se basaba en que hay otros profesionales que laboran en el mundo secular y siguen sirviendo a Dios.

Josué se convirtió en uno de los cantantes de música secular más famosos del mundo. Con su nuevo itinerario, compromisos y actividades "extracurriculares" a Josué le sobraba todo menos tiempo para su relación con el Salvador que había conocido a la edad de 10 años. Josué comenzó a tomar alcohol y a participar de actividades que no alimentaban el espíritu. Durante un periodo estresante en que estaba grabando un nuevo disco y una película permitió que entrara a su vida un nuevo amigo. El "high" ya no venía de la unción del Espíritu Santo, sino de la "cocaína".

No tenemos que entrar en detalles para saber cómo ese joven pasó de la "luz" a las "tinieblas", pero quiero hablar de una tragedia que ocurrió a consecuencia de recibir el "aceite" o "don" de Dios y no pagar lo que se debía. Eliseo le dijo a la viuda que pagara lo que debía con el aceite que Dios había provisto. En el caso de Josué "el aceite", el talento y la unción era para traer vidas nuevas a Cristo, en especial a su padre y a su madre. Con este nuevo caminar de Josué, con esta nueva forma de utilizar sus dones, no solo se apartó de Cristo, sino que su padre volvió al alcoholismo y a las drogas. Su padre, que fue la primera persona a quien Josué le quiso predicar el evangelio, se había apartado del camino que encontró la noche que vio a su hijo cantar como un ángel.

La historia que les he narrado es ficticia, pero nos debe enseñar lo peligroso que es cuando pedimos a Dios una intervención especial en nuestras vidas para no dejarnos amedrentar por el diablo o las circunstancias y la utilizamos para llevar a cabo otros planes que no son conforme a la perfecta voluntad de nuestro Señor. Por tanto, hermanito, con la bendición de Dios, "PAGA LO QUE DEBES".

Creando nuevas inquietudes...

- ¿Cuántas veces te ha bendecido Dios con un talento especial porque te encuentras en medio de una tormenta?
- ¿Has utilizado esa bendición para los planes de Dios o modificaste esos planes?
- ¿Qué consecuencia negativa has tenido en tu camino por no usar los dones de Dios para "pagar lo que debes"?
- Haz una lista y trata de entender qué te ha impedido hacer lo que debes.
- ¿Conoces a alguien con una historia parecida a la de Josué? ¿Cuál crees que fue el primer error que cometió la persona de tu historia?

- ¿Qué debemos hacer cuando estamos en el proceso de desviarnos de Su plan? ¿Qué Escrituras pueden ayudarte a volver nuevamente a los planes de Dios?

- ¿Qué haces con las emociones negativas que surgen por causa de tus decisiones erradas? ¿Permites que el error de "ayer" te "ilumine" tu caminar hoy?

Un toque final...

Recuerda: No es la voluntad de Dios que vivamos en "esas" tormentas. El problema surge cuando no utilizamos las bendiciones de Dios para "decirle al viento: Detente". Permitimos que una tempestad leve se convierta en un huracán. Por tanto, "paga lo que debes".

Epílogo

Antes de retirarnos

A través de las páginas que hemos estado compartiendo, hemos tratado de aprender algunos principios que se encuentran en la Palabra de Dios para poder lidiar con las diversas circunstancias y problemas que enfrentamos en nuestra vida y que el diablo utiliza para tratar de amedrentarnos.

Hemos aprendido que solo nos podemos amedrentar si, EN NUESTRA MENTE, visualizamos la situación o problema como mayor que nosotros. Si analizamos la situación con nuestra mente humana nos amedrentamos. Pero escrito esta: "Mas nosotros tenemos la mente de Cristo" (1 Corintios 2:16). ¡Qué tremenda verdad! ¿Qué o quién nos puede amedrentar teniendo la mente que creó el universo, dentro de nosotros? Serán las mismas neuronas, las mismas estructuras y la misma circulación dentro de nuestras cabezas. Pero si se nos hiciera una tomografía axial computarizada (o CT Scan) "divina" veríamos lo sobrenatural que funciona dentro de ti y de mí desde el día de nuestra salvación.

Hemos también aprendido que en el momento en que la tormenta se levanta lo primero que tenemos que hacer es "SABER A DÓNDE IR". No podemos estar corriendo ante nuestros vecinos, familiares, ni supuestos "expertos" en so-

Si analizamos la situación con nuestra mente humana nos amedrentamos.

lucionar problemas. No podemos correr a nuestros trabajos ni a las circunstancias que, supuestamente, nos dan seguridad.

Tenemos que imitar a la viuda que fue al portavoz de Dios. Que acudió ante Eliseo porque este hablaba a su favor ante el Creador. Ella sabía que solo yendo al Dios que su esposo había conocido y del cual era temeroso, podía conseguir solución para su problema. Pero en nuestro caso, tú y yo no tenemos la necesidad de ir a un profeta u otra persona que interceda por nosotros, como la viuda. En el momento en que el velo se desgarró en el templo de Jerusalén, Jesús abrió el paso para que podamos ir directamente a la presencia de nuestro Dios.

No importa dónde estemos en el momento que el enemigo quiere amedrentarnos —el centro comercial, el trabajo, el parque, el auto o en nuestra casa—, en ese instante podemos abrir la "puerta" a la presencia de nuestro Salvador. Tenemos una CITA PERMANENTE con el que nos va a solucionar el problema para no ser amedrentados.

Luego aprendimos que no es solo "saber a dónde ir" sino saber quiénes somos en Él. Ilustramos que la viuda fue a Eliseo declarando quién era su marido. Ella no le dijo a Eliseo que su marido era un "don nadie". Ella estableció con suma claridad que venía como la viuda de un hombre "temeroso de Dios". Cuando acudimos a nuestro Dios como sus hijos, redimidos por la sangre del Cordero y coherederos con Cristo Jesús, estamos estableciendo que las promesas para los salvos en Cristo son para nosotros también.

Cuando la viuda afirma que su marido, y por ende padre de sus hijos, era temeroso de Dios, estaba declarando la promesa que se encuentra en el salmo 37: "Joven fui, y he envejecido, y no he visto justo desamparado, ni su descendencia que mendigue pan". Ella fue como hija de un Dios que había prometido que sus hijos no iban a mendigar pan. Cuando tú y yo vamos ante nuestro Abba Padre como sus hijos, Él nos ve como nuestro Padre, no como nuestro allegado.

Luego establecimos que cuando vamos ante nuestro Dios a pedir su intervención en una situación que nos quiere amedrentar, lo primero que Él nos debe preguntar es: "¿Qué tienes en casa?" Por tanto, ¿qué don o talento te ha dado Dios para que te puedas defender en la situación en que te encuentras?

Todos tenemos "armas espirituales" y talentos que, según la Palabra, son poderosos en Dios para derribar todo tipo de fortaleza. El problema reside en que muchas veces minimizamos lo que Él nos ha dado. Lo minimizamos porque lo miramos con los ojos naturales; no podemos ver que ese don, grande o pequeño, en Sus manos es más que suficiente.

Cuando minimizamos el don o talento que Dios nos da, dejamos de utilizarlo y alimentarlo. Por eso aparenta estar "muerto", aunque Pablo escribió: "Porque irrevocables son los dones y el llamamiento de Dios" (Romanos 11:29). Aprendimos también que enterramos esos dones y talentos y les colocamos una "piedra" frente a la tumba declarando su "fin". Enterramos lo que no está muerto. Por eso, Jesús nos tiene que decir lo que le dijo a Marta, la hermana de Lázaro: "Quita la piedra". Tenemos que quitar la piedra para que el Dador de la vida nos demuestre que "las armas" que ya nos dio siguen "vivas" y con poder para lidiar con lo que nos quiere amedrentar.

Luego pasamos a una de las partes más especiales para mí de este libro. Tiene que ver con la koinonía que debemos practicar los hermanos en Cristo. Cuando Eliseo le dijo a la viuda que pidiese vasijas prestadas, no la envió a sus enemigos. La envió a sus vecinos. Es importante que tú y yo comencemos a prestarnos "nuestras vasijas" cuando el diablo quiera amedrentarnos.

Tenemos que entender que cuando suscribimos un acuerdo en cuanto a lo que le pedimos a nuestro Dios en el nombre de Jesús, Él nos lo da. Aprendimos la importancia de vivir como hermanos juntos, en armonía. El "mundo" y el "enemigo" desean que estemos en discordia porque sabe que si estamos divididos, si no hablamos un mismo lenguaje espiritual, puede traer caos y "dolores de cabeza" a la iglesia del Señor. Tenemos que imitar a la iglesia primitiva, en la que estaban todos los "miembros del cuerpo de Cristo" caminando en su amor y su unidad.

En otras partes del libro discutimos la importancia de no detener su bendición, de defender a los nuestros y de no interrumpir el fluir de la unción del Espíritu Santo. Finalmente consideramos la importancia de "pagar lo que debíamos". Tenemos que utilizar las bendiciones y el "arma" que Dios ha puesto en nuestro poder para lidiar con la situación que nos quiere amedrentar. Si no lidiamos con ella, vamos a dejar que los "gigantes" que nos quieren amedrentar continúen poniéndose de pie y atacándonos a diario.

Es tiempo de que la iglesia le diga a la tempestad que se levanta contra nosotros: "Calla, enmudece" (Marcos 4:36), para que podamos caminar en la paz que nuestro Salvador compró a precio de sangre. Mi oración es que a través de las páginas de este libro hayas encontrado algunos principios útiles para la carrera que tienes que correr mientras estés en este mundo.

Sabiendo que ya la victoria es nuestra, en Cristo Jesús, no te amedrentes.

Invitación especial

Es posible que hayas leído este libro completo y todavía no hayas conocido a ese personaje del cual tanto te he hablado: Jesús. Lo hermoso es que en este instante, y ahí donde te encuentras, puedes comenzar a tener una vida distinta y llena de promesas para ti. Una vida en la que nunca vas a andar solo porque vas a estar participando en la relación más sublime que hayas podido experimentar.

Si deseas sostener esa relación, lo que tienes que hacer es leer la oración siguiente y repetirla en tu corazón. No tienes que estar en una iglesia para comenzar este hermoso caminar.

Dile lo siguiente a Dios:

"Amado Dios. Reconozco que he pecado, vengo a ti deseando que perdones todos mis pecados. Creo en mi corazón y confieso con mi boca que Jesús, tu Hijo, murió por mí y que lo resucitaste de entre los muertos. Acepto a Jesús como mi Salvador y Señor de mi vida. Cambia todo lo que necesites modificar en mí. Te doy gracias por tu salvación y la recibo por fe. Todo esto te lo pido en el nombre de Jesús. Amén".

BIENVENIDO A LA MEJOR FAMILIA DEL MUNDO.